だいわ文庫

一瞬で好かれる心理術

モテのツボ55！

内藤誼人

大和書房

はじめに

現在の恋愛は、圧倒的に「女性有利」だといえるでしょう。なにせ、**女性に比べて、男性のほうが「あまっている」わけですから**。総務省の国勢調査（２０００年）をみると、20歳から34歳までの未婚男性は９３５万人ですが、未婚女性は７３７万人。

いざ結婚したいと思っても、男のほうは単純に２００万人もあぶれてしまう計算になります。女性のほうが、恋愛に有利だということが、統計から一目瞭然です。

女性一人が、二、三人の男を相手にしてあげる気持ちにならないと、人数のつり合いがとれないんじゃないか、などと、よけいな心配をしてしまうのは私だけでしょうか。

まったく、男にとってみると大変な世の中です。結婚するためには、他の男と熾烈《しれつ》な競争を繰り返さなきゃなりません。

私は、よく女性に、「今の恋愛は、絶対に女性が有利なんだよ。両手にはべらせたって、まだ男はあまるんだから」とお話しします。

しかし、そういう印象を、あまり抱けない女性も多いことに気づきました。男はいっぱいいるはずなのに、彼女たちの実感としては、〝男がいない〟と言うのです。

これは、どういうことでしょうか。未婚の男がいっぱいいることは統計でわかっているのに、〝男がいない〟とは？

実のところ、〝男はいる〟のです。少ないどころか、未婚の男なんて、ウジャウジャあふれかえっているのです。**しかし、そういう男を見つけ、ステキな恋愛をするにはコツがあります。**

単純に数だけを比較してみると、「女性有利」といわれているにもかかわらず、一方で、「恋愛ベタ」な女性たちがたくさんいるのです。私は、そういう女性たちのために、基本的な〝恋愛マニュアル〟を書いてみたいと思っておりました。そういう思いで、執筆したのが本書です。

ほとんどの女性は、男ゴコロ、あるいは恋愛心理について、知っているようでいながら、全然わかっていません。それを知ってもらおうというのが、本書のテーマです。

偉そうなお話をするつもりはありませんので、気楽にお読みください。

本書では、読者のみなさんがビックリするような心理学のデータも出てきます。

たとえば、次のような科学的なデータを、みなさんは知っていましたか？

●…高学歴の男ほど、ひと目ぼれしやすい
●…男は、毎日90分おきに勃起している
●…男は、キライな女の子の前ほど、よく「笑う」
●…スポーツを通して知り合った男と女は長くつづく

これらは心理学の研究から導かれた原則なのですが、みなさんは、いくつご存知でしたか？

心理学の恋愛ルールを知っていれば、今以上に、恋愛をたっぷりと楽しめることでしょう。本書をお読みくだされば、どんな女性も恋愛がもっとうまくできます。

これまで、どうにも納得のいかない恋愛を繰り返してきた女性のみなさん。もっと恋愛上手になるためには、ぜひ本書をごらんください。

目次

✦第1章✦

男にとっての〝理想の女〟

「彼女にしたい女」になる8つのツボ

✦第２章✦

イイ男とおつきあいするために必要な基本ルール

「恋の達人」になる10のツボ

✦第３章✦
〝いちばんカワイイ自分〟演出法
「愛される女」になる10のツボ

✦第4章✦

〝要注意男〟を見抜くポイント

「賢い女」になる9つのツボ

✦第５章✦

男ゴコロの操縦法

「手ばなしたくない女」になる9つのツボ

✦第6章✦

男の恋愛心理“ウソ”と“ホント”

「男のホンネがわかる女」になる9つのツボ

✦ 第1章 ✦

男にとっての〝理想の女〟

「彼女にしたい女」になる8つのツボ

「彼女にしたい女」になる
✦８つのツボ✦

　男が理想とする女性のイメージって、いったいどういう女性なんでしょうね。

　どういう点に注意すれば、男に好かれるんでしょう。

　本章では、こういう基本的なテーマについて考えてみることにします。

　男の理想イメージを知っておけば、そういう演出をしてあげるだけで、どんな男でも喜ばせることができるに違いありません。

　心理学では、男が抱く「理想の女性像」について、すでにはっきりとしたデータが得られております。それらのデータを参考にしながら“モテる女”になるための秘訣をお教えすることにいたしましょう。

男の欠点は、見なかったフリしよう！

フランスの詩人で、ジャン・コクトーという人がいます。『美女と野獣』や『オルフェ』を撮った映画監督で、小説『ポトマック』の作者でもあります。画家のピカソや、音楽家のストラヴィンスキーの友人でもあって、フランスを代表する知識人です。まぁ、とにかくすごい人物です。

あるとき、コクトーは、ジュール・ベルヌの『八十日間世界一周』を真似て、世界一周旅行をしました。その折に、日本にも立ち寄っています。

コクトーは、日本ペンクラブの席で、記者たちを前にしてスピーチをしたのですが、ずっと目を伏せたままで、一度も顔を上げなかったといいます。さらに彼は、20から8を引くのに、いちいち指を折って数えなければならないほど、算数の能力がゼロだったそうです。信じられないほどの恥ずかしがり屋さんで、おまけに引き算すらできない人だったのです。

男っていうのは、コクトーもそうだったのですけど、「どこか秀でているなら、必ず劣った部分もある」んですね。欠点があるからこそ、男だといってもいいのではないでしょうか。だから、**男にとって本当に理想なのは、自分の欠点に目をつぶってくれる女性だといえるでしょう。**

もし、男の欠点に目をつぶってくれないとどうなるでしょうか。

男は、そういう女性を敏感に察知して、さっさと逃げようとします。欠点を含めて、丸ごと愛してくれる女性であってほしい。男にとって、そういう女性ほど最高なのです。欠点があるからといって、男を好きになれないのは、はっきりいってソンですよ。

「頭が悪いからイヤ」

「お金がないからイヤ」

「鼻が大きいからイヤ」

「恥ずかしがり屋だからイヤ」

なんて〝欠点探し〟をする女性に、男はホレません。**「欠点もたくさんあるけど、私はあなたの〝トータル〟が好き！」と言ってくれる女性に、男は弱いのです。**もともと、あら探しをすれば、欠点のない男なんていないんです。その事実をしっかりと受け止めて考えてほしいと思います。

これから先、もしかしたら大金持ちの実業家と出会うかもしれませんが、そんな相手は仕事一途なわけですから、あなたと一緒にいる時間をつくらないものです。こういう男には、「一緒の時間をつくらない」という欠点があります。

また、超ハンサムなイケメンにめぐりあうかもしれませんが、そういう男にかぎって複数の女性を同時に愛することができるものです。顔はブサイクかもしれないけど、あなただけを愛してくれる男に比べて、どちらがいいでしょうか。

どんな男にも、それなりに欠点があります。

「ここがイヤ、あそこがイヤ」と言っていると、イイ男の存在に気づけなくなってしまいます。男にとっての理想は、トータルの自分を愛してくれる女性だということを忘れないでください。

私も、いろいろな女性から、「女の子は、理想の男を夢みるものなの」と聞かされました。白馬の王子様がどこかにいるというのです。

しかし、欠点のない男なんていませんよ。そういう男が絶対にいないとはいいませんが、自分の理想に縛られていると、身近にいるイイ男の存在が目に入らなくなってしまいます。これでは、恋愛上手にはなれません。

モテる女性とは、男の少々の欠点には目をつぶって、できるだけ長所を探すのが上手な女性です。

カリフォルニア大学の心理学者ディアン・フェルムリー博士は、125組のカップルを調べて、**ハッピーなつきあいをしている女性は、「男のいいところを見てあげる」ことが上手な女性であること**を突き止めています。

恋愛を楽しみたいなら、男の長所をできるだけ探してあげることです。

ツボ 01 男のいいところ探しが得意な女性はモテる

ときには「ほったらかし」が大切

男にとっての理想の女性は、いい意味で、「ほうっておいてくれる」女性です。ほとんどの女性は、恋愛初期などはずっと一緒にいて、ベタベタしたいと思うでしょう。その気持ちはとてもよくわかります。しかし、それでもちょっとガマンして、男を「ほったらかしておく」ことができる女性を目指さなければなりません。

アメリカの社会教育家デール・カーネギーは、再婚するときに、秘書を夫人としました。ドロシー・カーネギーがその人ですが、彼女は家の中を常にキレイにし、ホコリ一つ落ちていない家庭づくりに専念しました。しかし、ドロシーが夫をかまえばかまうほど、夫婦仲はしっくりいきません。

ある日のこと、夫が物置小屋の中から泥だらけになって出てきたのを見た彼女は、その小屋をのぞいてみました。すると、おもちゃの車や泥だらけの石や瓦が集められていたのです。

そのとき、彼女は、あまりに自分がキレイにしすぎるので、かえって夫を息苦しくさせていたことに気づいたのです。

その後彼女は一室を夫のために開放し、一切掃除もせずに、夫の好きなようにさせました。それからの夫婦仲は、他人もうらやむほどだったといいます。

この例に見られるように、**男というのは、「ほうっておいてほしい」という心理をどこかに持っています**。これは、別に、女性がキライだからではありません。生理的な本能というのでしょうか、あまりに束縛されると、息苦しさしか感じられず、どこかで一人になりたがる「孤独グセ」のようなものがあるのです。

「自分の書斎を持っている」夫ほど、結婚生活への満足度が高いという心理データもあります。書斎を持っている夫は、その部屋で一人っきりになれますので、大満足なのです。どんなに狭い部屋でもいいので、夫に書斎をつくってあげましょう。そうすれば、夫婦仲がみちがえるほど改善されるはずですから。

男にとっての理想の女性というのは、男性を束縛したり、プライベートに踏み込みすぎない女性です。男というのは、誰でも「触れてほしくない」点の一つや二つは必ず持っているものなのです。

彼氏の部屋に行くようになり、勝手に掃除をしたり、洋服を洗濯したりして、ケンカになった人はいないでしょうか。

女性の側からすると、「なによ、せっかく掃除してあげたのに!」というところでしょうが、男からするとそれはお節介以外の何物でもありません。

デートをしているときでも、なぜか男は「一人になりたいな」という気分に襲われることがあります。女性にはその心情が理解しにくいかと思いますが、男は、好きな女性と一緒にいるときでさえ、心のどこかでは「ほうっておいてほしいなぁ」という気持ちを感じるものなのです。

女性は、デートした直後でも、さらに電話でおしゃべりをしたいと思うでしょう。しかし、男にはそういう気持ちは希薄です。その点を理解してあげないと、恋愛はうまくいきません。もしも、男が「ほうっておいて」というサインを出しても、それはあなたへの愛情がなくなったわけではありませんから、ご心配なく。

ツボ 02 男は、少しほうっておかれるくらいの距離感が好き

どんな男もホメ言葉には弱い

ほとんどの男は、ウソのようですけど、あまりホメられた記憶がありません。ホンネとしては、ホメてほしいのですが、誰もホメてくれないのです。ですから、**ホメるのが上手な女性は、それだけで好意を持たれます。**

子どもは、母親が化粧をしているのを見たりすると、「ママ、キレイだね」とホメてくれるでしょう。しかし、父親が新しい洋服を着ているときは、「パパ、かっこいいよ」とは言ってくれません。男のことはホメてはいけないという決まりでもあるんじゃないか、と疑いたくなります。

私が高校生の頃、女の子同士は、しょっちゅうお互いにホメあっていました。「○○ちゃんの今日の髪型、すっごくいいよねぇ」という感じです。しかし、男というのは、こういう習慣がありません。ちょっと女性がうらやましくもあります。

彼氏に向かって、**「今日、あなたのことをカッコイイってだれかに言われなかっ**

た？」とか**「スーツがとても似合うって、会社の人に言われない？」**などと聞いてみてください。彼はきっと、「いや、そんなこと言ってくれるのはキミだけだよ」と答えるでしょう。

男は、予想以上に、ホメられていないものなのです。

ホメられる経験が少ないわけですから、ホメられると有頂天になりやすいのも、男の特徴だといえるでしょう。妻子ある男性が、キャバクラ嬢に入れあげたりするのは、彼女たちが、彼のことをホメてくれるからです。ホメられると単純に嬉しいのです。

とりあえずホメておけば、どんな男も落ちます。

『トム・ソーヤの冒険』や『ハックルベリー・フィンの冒険』で知られるアメリカの文豪マーク・トウェーンは、「一度ホメられると、ふた月楽しい」と述べていますが、これは誇張ではありません。一度ホメられると、男っていうのは、本当に2ヶ月くらいずっと嬉しいのです。

多くの女性は、基本的に男をホメません。女性同士では、お互いのことをしょっちゅうホメあっているくせに、なぜか男をホメないのです。

女の友だちが「ダイエットしたら100グラムやせちゃったぁ」と話をするときに

は、「すっご〜いねぇ」とホメるくせに、一生懸命にジムに通っている男の友だちが、「少しは引き締まったかな？」と語りかけたときには、「あんまり変わんないんじゃない」と平気で答えるのです。

男っていうのは、女性以上にホメてほしいという欲求を強く持っています。ですから、その欲求を満足させてくれる女性が理想です。どんなことでもいいので、とにかくホメてあげてください。とりわけ、男というのは肉体的な面に関して、ほとんどホメられた経験がありませんので、そこが狙い目だと思います。

「うわぁ、肩幅が広〜い」

「手が大き〜い」

とわざと大げさに驚いてみせるのもいいでしょう。女性にはわかりにくいかと思うのですが、ふだんホメられたことのない男にとっては、こんな言葉でも十分にホメ言葉になってしまうのです。勘違いもはなはだしいのですが。

デートに誘われて映画を観たときには、「**いい映画だったね**」と言えば、男はまるで自分がその脚本を書いたかのように喜びます。自分がチョイスした映画だからです。食事に行ったときにも、「**雰囲気のいいお店ね**」とホメてあげましょう。別に、自分が経営しているお店でもないくせに、男は、なぜか自分がホメられているように感じるものなのです。

男のほうが、ホメ言葉に弱いことは、インディアナ州にあるヴィンセネス大学の心理学者チャールズ・マクマハン博士によっても、確認されています。

マクマハン博士は、男性と女性について、どれくらいホメ言葉を欲しているかを調べたのですが、男のほうがホメ言葉に敏感で、しかもそれをたくさん欲しがることを発見したのです。

女性もホメられると悪い気はしないでしょうが、男のほうが、ずっとそれに弱いのです。

ツボ 03 食事に行ったら必ずお店をホメてあげよう

男は「相談ごと」がうまい女のコが大好き

男は、プライドの塊です。常に、女性の上に立ちたいと思っています。いつでも偉ぶっていたいのです。

一般に、男は「年下の女」が好きですが、それは年齢的に上であると、それだけ偉そうな気持ちになれるからでしょう。

男は、女性に「頼られる」のが大好きですから、相談を持ちかけることが上手な女性ほど、好かれます。

「ちょっと、相談にのってほしいんだけど」と頼まれた男は、鼻息を荒くして、精一杯あなたを助けようとしてくれます。

モテる女性は、たとえ自分ひとりで解決できそうでも、男に援助を頼むものです。そうすれば面倒くさい問題も早く解決できますし、なにより、男を喜ばすことができるのですから。

映画や、テレビドラマには、悲嘆にくれている女性を男があれこれと慰めているうちに、二人に恋心が芽生えていく……という筋書きがけっこう多いと思うんですが、ああいうのは、男にとって、すごく共感できる内容です。相談されているうちに、「オレって、けっこう頼られているんだなぁ」と勘違いし、相談を持ちかけてきた女性に対する恋心だと錯覚してしまうわけです。

相談がうまい女性は、男の目には、その魅力が3割増くらいで映るものです。

アメリカの心理学者ジョン・グレイ氏が書いた『この人と結婚するために』という本の中には、とにかく男に相談を持ちかけて、気分をよくさせるという作戦が紹介されていますが、とてもうまいやり方だと思います。

「○○クンくらいしか、こんなこと相談できる相手いなくって、ごめんね」
「こんな相談持ちかけられて、迷惑じゃなかった？」
「私が、相談したってことは、他の人には言わないでね。だって、恥ずかしいもん」

これらのセリフは、男の自尊心をひどくくすぐってくれるセリフです。

どうせ普通の男は、たいしたアドバイスをしてくれるわけではありませんが、相談できる女性ほどかわいらしく見えるのですから、どんどん相談を持ちかけてください。

ちなみに、この基本ルールを裏返しますと、「男に手を貸してはいけない」というルールになります。こちらも覚えておきましょう。「困ってるなら、私が助けてあげるよ」という申し出を女性のほうからすると、たいていの男はイヤがります。

一般に、男が助けを必要とするときには、ちゃんとそう言います。ですから、手伝ってと頼まれるまで、ほうっておくのがいいのです。

荷物を運んでいる男に手伝いを申し出るのは、彼には一人で運ぶ力がないと言っているようなものであり、「残業手伝ってあげようか?」と言えば、彼には能力がないとみなしていることを伝えるだけです。

男は、他人の相談にのるのは好きですが、自分からはあまり相談しません。自分だけで処理する能力があることを証明したいのです。

壊れたビデオを一生懸命に修理しようとしている彼氏に向かって、「電器屋さんに電話してみたら?」と言うような女性は、要注意です。

彼女にしてみれば、わざわざ彼氏がやらなくてもいいことだと教えたつもりなのでしょうが、こういうお節介は、男にとっては侮辱行為にあたります。電器屋さんに電話すればいいことぐらい、彼氏もとっくにわかっているでしょう。そんなことは、いちいち言われる必要などありません。ただ、誰にも相談したくないのです。その気持ちを、理解してあげましょう。

カリフォルニア大学バークレー校のグレッチェン・リーヴィ博士たちのデータでも、「男ほど、手助けをイヤがる」ということが突き止められています。困っている男を見つけても、まぁ、そのままほうっておくのが無難ですね。

ツボ 04 男は「頼りがいがある」と思われたい！

男の「ひとりごと」を理解してあげよう

男というのは、「ひとりごと」が大好き。

あなたに語っているように見せて、実は、「ひとりごと」だったというケースは、日常的にもよく見られます。**男が「ひとりごと」を言うのが好きだという習性を知っておくと、勘違いが大幅に減らせるでしょう。**

たとえば、彼があなたとのデート中に、「結婚したいね」とか「子どもは男の子と女の子がひとりずつ欲しいね」と語ったとしましょう。あなたは、その言葉を真に受けて、本気で結婚をしたいと思うようになるかもしれません。

ところが、何年つきあっても、彼の口からは結婚の「け」の字もでません。いったい彼がデート中にしゃべった内容は、ウソだったのでしょうか。あなたは、約束違反だといって、彼をなじるべきなのでしょうか。

いえ、そうではありません。彼がデート中にしゃべったことは、あなたに対しての

「約束」なんかではなく、自分自身への感想というか、いわば「ひとりごと」だったのです。その点を見誤ってはいけません。男にとっての理想の女は、それをきちんと理解してくれる女性です。

男というのは、希望的観測のようなことを口に出してしゃべることがあります。

「5年以内にマイホームを持つよ」

「結婚したら、6時には帰宅するよ」

「婚約指輪は、ダイヤモンドにするよ」

という言葉は、「約束」ではないのです。あくまでも、「マイホームを持ちたいなぁ」とか「帰宅できればいいんだけどね」という希望なのであって、「ひとりごと」なのです。ですから、それを信じてはいけません。

私などは、しょっちゅう「よし、もう禁煙するぞ！」と言っておりますが、妻は、そんな言葉を信用したりしません。「禁煙したいという気持ちはあるんだけど、今すぐにはとてもムリだなぁ」という私のホンネもわかっているからです。

確かに、結婚してしばらくの頃は、私が「禁煙する」と言うたびに、「あれ？　タバコやめるって言ってなかった？」と尋ねてきたりしましたが、最近では、〝男の言葉はまったく当てにならない〟という真実を悟ったらしく、何も言いません。賢くなったんですね。

若い女の子は、男が口にする希望的観測を、真実の約束だと思い込む間違いをよくやらかします。「今度会いたいねぇ」と男が口にしても、本気でデートしたいというわけではないということに気づかず、「私なら、来週の土曜空いてるけど」などと、よけいなことを口走ったりして、男を困らせるのです。

男にとっての理想の女になりたいなら、男の希望的観測を、そのまま真に受けてはいけません。男がムリなことを言っても、それをサラリと聞き流せるくらいの気持ちでいるといいでしょう。

男は、「ひとりごと」を言っているつもりですので、「あなたは、約束した！」と詰め寄られても困ってしまうことがあります。その点を、どうかご了承ください。

ツボ 05 男がしゃべっている内容は、ほとんど「ひとりごと」

「適度に焦らす」のを忘れていませんか？

恋愛は、ホレ方の少ないほうが、恋愛の主導権を握れます。

これを心理学者は、「最小関心の法則」と呼んでいます。

その関係に関心のある人のほうが、その関係に依存する度合いが強く、相手を失いたくないという気持ちが強く働きます。相手に関心を持ちすぎると（好きになりすぎると）、その関係を崩したくないので、相手の言いなりになってしまうというのです。

ですから、恋愛においては、あまりのめり込みすぎないことが大切でしょう。あなたが本気になればなるほど、男の言いなりになってしまうキケンが大きくなるからです。

一般的な話をすると、あなたが本気になればなるほど、男は逃げて行きます。男というのは、自分が情熱的に女性を追いかけたいと思っておりまして、女性のほうから「追いかけられたい」とは思っていないのです。

●…本当は好きなんだけど、そのそぶりは絶対に見せない
●…本当はデートOKなんだけど、わざと焦らす
●…本当はキスくらいかまわないんだけど、させてあげない
●…本当は彼氏しかいないんだけど、男友だちがいっぱいいるような態度をとる
●…彼氏のウチに泊まりには行くけど、エッチはさせてあげない

こういう女性ほど、男にとって理想です。

ただ、毎回デートに誘うたびに拒絶されると、男はアプローチをやめます。しかし、3回デートに誘うと1回受けてくれるような場合、男は、「ひょっとして脈があるかもしれない」と考えて、その女性に猛烈にアプローチしようとするのです。不思議なもので、そうやってアプローチしている瞬間が、男にとってはとても快楽を覚えるようです。

「あなたのことが、好きで、好きで、たまらないの」と開けっぴろげに語ってしまう女性がいるとしたら、そういう女性は男にとって都合のいい女のリストに入れられてしまうはずです。そういう女性と、本気でつきあおうという男は少ないと思います。

簡単に手に入ってしまうような恋は、男にとって、面白くもなんともありません。

ちなみに、そういう女性は、結婚詐欺に遭いやすいタイプでもあります。

確かに、胸の奥には、彼への切ない恋心や、情熱的な熱情があふれているかもしれません。ですが、それを表に出さないように。

心の中では、「○○クン、大好き」と言っていてもいいのですが、それは心の中だけにして、**表面的な態度としては、気がなさそうなそぶりを忘れてはいけません。**

デートに誘われたときも、いきなりOKしてはいけません。どうせ自分がヒマなことを知っていても、「え〜、土曜かぁ。ちょっと待っててね。今、手帳で確認するから」くらいの演技をする女性のほうが、男にとって価値ある女性だといえます。

ツボ 06 男は「落ちそうで落ちない女」に強く心惹かれる

金銭感覚のないコは恋愛対象「外」?!

男の基本的な習性に「ケチ」であることがあげられます。

よほど育ちのいいおぼっちゃんでなければ、お金をむやみに使ったりはしません。

男のほうが、女性よりもはるかに金銭感覚があるのです。

男と一緒に買い物に行くときには、あまり派手な買い物をしないようにしましょう。

「だって、自分のお金なんだもん、どんなに使っても勝手じゃない」と思う女性もいるかもしれませんが、男は、パッパッとお金を使う女性を見ると、「この女と結婚することにでもなったら、オレは大変なことになるな」と思っているはずなのです（もちろん、心の中だけで、口には出さないでしょうけど）。ですから、派手な買い物をしている場面を、男に見せてはいけないのです。

男は、女性の買い物を見て、きちんと節約できるかどうかを判定しています。高価なブランド物を、どんどん買い求めている女性を見ると、自分の「結婚候補リスト」

から、その女性をはずします。だって、結婚後もそんなお金の使い方をされたら、たまりませんからね。

男性からディナーに誘われたとき、お店のメニューの値段をチラッと見て、**「高すぎるから、他のお店いこう！」と言ってくれる女性のほうが、はるかに男心をそそります**。自分の背丈に合った金銭感覚を持っていることがわかり、安心するのです。

ミシガン大学のデビッド・バス教授とイエール大学のマイケル・バーンズ博士たちの調査では、男が女に感じる魅力の一つに、「金銭感覚」があげられています。男は、金銭感覚をしっかり持った女性が好きなのです。

最近では、誰でもクレジットカードの1枚や2枚は持っているのが当たり前で、好きなものをいくらでも買えるようになりました。そのため、カード破産する女性も少なくありません。

しかし、男は、ローンに追われている女性を見ると、顔がカワイイとか、性格がどうとかいう前に、「ダメな女だなぁ」と思うものなのです。

給料の手取りとは、不釣合いなブランド品をたくさん持っている女性を見ると、男は、背筋に冷たいものを感じます。こういう女とつきあったら大変な目にあうぞ、と本能的に感じるのです。

クレジットカードを捨てなさいとか、現金主義になりなさいとよけいな口をきくはありませんが、**彼氏（や、好きな男）と一緒にいるときには、衝動買いは慎むようにしましょう。**

欲しいものがあったら、男がいないときに、一人でゆっくりと買い物に行けばいいのです。欲しいものを手に入れても、彼に愛想を尽かされるようなら、意味がありませんからね。

ツボ07 男の目の前での衝動買いはNG！

男の冗談に、心から笑えれば完璧です！

男は、別に女性に冗談を言ってほしいとは思っていません。何か気のきいたセリフを言ってほしいとも思っていません。ただ、**自分の話を聞き、自分の冗談で笑ってほしいと思っているのです**。

アメリカに、ロバート・プロバインという科学ジャーナリストがいますが、彼は、女性は笑わせてくれる男性を探しているのですが、男性はそうではないということを突き止めました。

プロバインが調べたところ、「笑わせてくれる人が好き」と答える女性が13％もいたのに対し、同じ質問に対してイエスと答えた男は、わずか4・9％でした。「ボクを笑わせてくれる女の子が好き」という男は、100人中5人くらいしかいなかったのです。

学生時代、バカなことをやってみんなを笑わせる女の子が、クラスに一人か二人はいたものですが、そういう女の子は、男の恋愛対象になりませんでした。女の子同士ですと、「○○ちゃんって、イイよねぇ、面白いんだもん」ということになるのでしょうが、男は、しらけきった目で、その女の子を見ていますよ。

私は、奇声をあげたり、面白いポーズをとって笑わせている女の子を見ると、あまり女性として見ることができなくなってしまうのですが、これは多くの男性も同意してくれるはずです。

お笑い芸人の女性を恋愛対象として見る男は、ほとんどいないんじゃないかと思います。バカなことをやって、ウケを狙って喜ぶ女性は、女性からは好かれますが、男性には好かれません。

男は、女の子を笑わせたいのです。女の子から、笑わせてほしいとは思っていません。男はプライドをかけて、好きな女性を笑わせようとします。あくまで自分が主体的に女性を笑わせたいと思うのであって、その反対ではないのです。

男は、自分が何か冗談を言ったとき、くすっと笑ってくれる女の子を見ると、カワイイな、と心から思います。

人を笑わせるのではなく、自分がよく笑う女性になりましょう。ふくみ笑いではなく、ちゃんと声を出して笑える女性は、とても魅力的です。どんなにつまらない冗談を言っても、笑ってくれる女性のことを、男は例外なく、好きになります。

歯並びが悪いとか、笑った表情がキライということで、あまり笑顔を男に見せない女性もいますが、せっかくの武器を自分で使わないのは、もったいないような気がします。笑うときに、手で口や顔を覆ってしまう女の子もいますが、それもやめましょう。

笑うときには、上の歯と下の歯に、指が1本入るくらいは開けなくてはいけません。口を閉じたオリエンタルスマイルは、人によってはウソ笑いのように見えてしまうので、逆効果になる可能性もあります。口を開け、声を出して笑うのがポイントです。

ツボ 08 男はよく笑ってくれる女のコが好き

Column

美人がソンをすることもある？

男は、美人が好きです。これは間違いありません。「不美人」の女性にとっては、残念ですけれど、これは厳然たる事実なのです。

美人であれば、男にチヤホヤされます。美人であるだけで、性格も良さそうだと男は錯覚してくれます。また、美人のほうが、給料もいいですし、たいていの仕事も選び放題でしょう。

しかし、本当に美人っていうのは、いいことばかりなのでしょうか？

悪いことなど、まったくないのでしょうか。

いやいや、実は、「美人だからこその悩み」っていうのも、ちゃんとあるんですよ。そうじゃなきゃ、あまりに神様は不公平すぎますからね。

一つ目は、男が敬遠しやすいということ。**チヤホヤはされるのですが、なぜか、本気でアタックしてくる男は少ないのです。**「断られると、自分のプライドが傷つく」

というヘンな思い込みを持つのか、男は美人を巧妙に避けようとするのです。まったく、イクジナシが多いと言えます。

アメリカの心理学者ヘレン・カプラン博士によると、男性は美人相手だとインポになりやすいとか。美人といると、男は緊張するのです。

一般に、男性は、リラックスできる女性に惹かれますから、美人は、「本気の恋愛の対象になりにくい」といえるんじゃないでしょうか。強い憧れの対象にはなるのですが、現実的なパートナーに選ばれにくいといえるかもしれません。

さらに、美人だからこそ、学校や職場でソンをすることがあります。男にイジメられるのではなく、女性の人たちにイジメられるのです。同性の女性たちからすると、美人ほど、嫉妬の対象になるからです。

「あんたばっかり、いい思いをして！」

「男に媚を売ってんじゃないの！」

などといわれのない八つ当たりを受けることも多いのです。

これも美人の宿命といえるのですが、男に人気があっても、女性にキラわれやすいのですから、どちらがいいともいえません。

経営コンサルタントの小林守さんのアドバイスなんですが、美人ほど、次の3点に気をつけると生活しやすいそうです。

①…職場や学校では自分の美貌を目立たせない
②…明るく仕事や勉強、またはスポーツに没頭する姿勢をアピールする
③…三枚目に徹する

「美人」のみなさんは、楽しい毎日を送るためにも、ぜひ気をつけてくださいね。

✦ 第２章 ✦

イイ男とおつきあいするために必要な基本ルール

「恋の達人」になる10のツボ

「恋の達人」になる
✦ 10のツボ ✦

本章では、どのように男に接近すればいいのかについて考えてみます。

自分にピッタリのイイ男は、どうすれば見つかるのでしょうか。どういう女性と、男はつきあいたいと思うのでしょうか。恋人を見つけるときのポイントとノウハウについて、ご紹介していきましょう。

普通に生活しているだけでは、男とは知り合えません。それなりに努力をしなければ、恋人をつくるチャンスは生まれないのです。やっぱり、最後には努力した女性が勝ちですね。

恋のチャンスは“自分で”つくるもの。それにはどうすればいいのか、具体的に考えていきましょう。

まずは「男が集まる場所」に出かけよう

男がたくさん集まる場所ほど、相対的にイイ男もたくさんいます。

これは、確率の問題です。当たりがたくさん入ったクジと、そうでないクジがあるとしたら、当たりがたくさん入ったクジをひいたほうがいいに決まっています。イイ男と知り合いになりたければ、男がいる場所に出向くことなのです。

男が集まりやすいのは、音楽ショップ、スポーツ店、パソコン・フェアの会場などでしょう。化粧品やアクセサリー・ショップをうろちょろしていても、男はいません。

つまり、確率としては、前者のような場所にいたほうが、イイ男に声をかけてもらえる可能性がアップするのです。

必要なものは、ネット販売や通信販売ではなく、歩いてデパートに買いに行きましょう。そうすれば、イイ男と出会うチャンスが増えますから。ネット販売では、男と知り合うチャンスはゼロになってしまいます。便利だからとネット販売を利用しすぎると、チャンスを棒にふってしまうかもしれません。

コーヒーも、自宅でなく、できるだけ喫茶店で飲んでください。自分でコーヒーを淹《い》れるのが好きでも、それはイイ男と知り合うチャンスを捨てるようなもの。同じ理由で、コンビニ弁当を買うくらいなら、外でご飯を食べましょう。**自宅にいる時間を少なくしてください。そうすれば、イイ男に出会うチャンスが増えます。**

喫茶店でコーヒーを飲むときには、本を読んではいけません。そうすると、イイ男と視線が合わなくなってしまいますからね。

男との〝接触可能性〟が高くなるほど、あなたがイイ男と恋に落ちる可能性も高くなるわけです。自宅にこもって、あまり外出しない女の子が、どうしてイイ男と知り合いになることができましょう。

列になって並ぶときには、必ず前後にいる男性に声をかけるようにしてください。別に、たわいもない話でいいんです。「ずいぶん混みますね」とか「ずいぶんかかりそうですね」という話で。そうしているうちに、男に声をかけるのが慣れてきますから、リラックスして男とつきあえるようになります。

外出するときには、必ず一人で。「ソロ」で行きましょう。

男というのは、二人組の女の子より、一人の女の子のほうが、話しかけやすいからです。喫茶店で、偶然、隣り合った人と軽いお話をして、それで別れて帰るのもカッコイイですね。

男は、恥ずかしがり屋が多いので、他の女の子が見ていると、声をかけにくくなります。一人でいる女の子のほうが、気軽に話しかけやすいのです。

ですから、外出するときには、友だちと一緒にいると、かえって男が敬遠してしまいます。

ここにあげたアドバイスどおりに実行すれば、必ず男友だちが増えるでしょうし、イイ男と知り合うきっかけもつかめるはずです。がんばってください。

ツボ 09 イイ男と知り合うには自分でチャンスをつくらなくてはいけません

「話しかけやすい雰囲気」を出していますか？

イイ男と知り合うには、男に声をかけてもらわなければなりません。声をかけてもらわないと、何もスタートしません。そして、男から声をかけてもらうには、あなた自身が「話しかけやすい雰囲気」を持っていることが絶対に必要です。**あなたは、街中を歩いていて、しょっちゅう勧誘にあったり、ティッシュをもらうタイプでしょうか。もしそうならＯＫ。**あなたは「話しかけやすい雰囲気」をふりまいている女性であるといえます。

逆に、そういう勧誘とほとんど縁がないのなら、どこかに人を遠ざけるようなトゲのある雰囲気が出ているのかもしれません。すぐに改善するようにしましょう。

では、どうすれば「話しかけやすい雰囲気」を演出できるのでしょうか。そのためのテクニックをいくつか紹介します。

1. **ソロで行動する**

パーティに出かけるときは友人と一緒でも、会場内ではすぐに別れるべきです。女性が二人や三人で固まっていると、男は声をかけられません。

2. **携帯電話でしゃべりながら歩かない**

携帯電話でおしゃべりしている女性に、男は声をかけません。邪魔をしたくないと思うからです。喫茶店にいるときも、携帯電話でおしゃべりしている女性には声をかけないでしょう。

3. **ウォークマンを聴かない**

携帯電話でのおしゃべりと同じく、自分の音楽の世界に没頭している女性に、男は声をかけません。

4. **速歩きしない**

男が追いつけないほどの速歩きの女性は、「話しかけにくい雰囲気」満点です。

駅に向かってまっしぐらに歩く姿を見たら、声をかけようという気持ちがわきません。「話しかけていいんですよ」というサインを出したいなら、ゆっくり歩くことです。そのほうが、清楚にも見えます。

5. 目が合ったら微笑む

女性に微笑まれると、男は安心して声をかけてくるようです。どこかの待合室などで、お互いの目が合ったら、ニッコリと微笑んでください。すると、男は絶対に話しかけてくるでしょう。

相手も微笑み返してくれるなら、それは脈アリの証拠ですから、あなたから話しかけてもかまいません。

ツボ 10 トゲのある雰囲気を持っていると、男はみんな敬遠してしまいます

友だちの紹介なら、恋愛初心者でも安心です！

男を探すとき、意外に重宝するのは、友人からの紹介です。

自分から男に声をかけるのは恥ずかしい、という女性は多いでしょう。いくら積極的になろうとしても、人によって限界があるものです。しかし、友人の紹介なら、安心して知り合うことができます。若いうちには、どんどん友人に紹介してもらって、合コンやお見合いを繰り返すといいでしょう。

男の心理としても、ナンパをして見ず知らずの女性をつかまえたり、見知らぬ男女が集うパーティなどで出会うより、親しい友だちを介して、女性と知り合いたいと思っています。

友人からの紹介がいいのは、電話番号や、好きな食べ物や、趣味や、結婚願望などを、友人を通して聞き出せることです。あらかじめ、これらの情報を集めることができるので、つきあいやすいのです。まったく情報がゼロからスタートするわけではないので、会話もスムーズに進みます。

また、あなたがトイレに行っているときなど、友人はさりげなく、あなたのことをホメてくれるでしょう。

「○子ったら、本当は、すっごく女らしいの」とか「実は、料理がすごく上手なの」などと、甘い評価を彼に伝えてくれるのです。こういう**コンビプレイができるのも、友人の紹介ならでは**。

結婚している人の50パーセントは、友人や家族から紹介された相手だという、シカゴ大学社会学教授エドワード・ローマン博士の調査もあります。

ほぼ二人に一人は、何らかの形で、友人に紹介されたパートナーと結婚しているわけです。

仮に紹介で知り合った男とつきあうようになったり、結婚することになっても、友人からの紹介だと、思わぬメリットがあります。それは、彼（夫）とひどいケンカになっても、友人がなんとかとりなしてくれるということです。

「まぁ、まぁ、二人ともさ、オレが紹介した者同士なんだし、すぐ別れるなんて言わないで、まずは話をしてみようよ、ね？」

などと、友人のありがたい仲裁によって、関係が崩壊するのを防ぐことができるわけです。

たいていのケンカは、つまらない理由からはじまることが多いので、友人がちょっと仲裁してくれれば、仲直りできるものです。

二人にとって共通の友人がいない場合には、こういう恩恵を受けることができません。ケンカしても間に入ってくれる人がいなくて、そのまま関係がプッツリ切れることも珍しくありません。

結婚の場合ですと、昔なら仲人になった人が、将来的にも夫婦のケンカを仲裁する役目を担っていたのです。しかし、最近の結婚では、仲人をたてないことも多く、それが離婚率の上昇に拍車をかけているように思えてなりません。

① 自己紹介や会話がスムーズにいく
② 友人もあなたの味方になってくれる
③ ケンカしたときも安心

この3つの大きなメリットをみすみす利用しない手はありません。
大切にすべきは、男なんかより、「信頼できる友人」ということでしょうか。

ツボ 11

友人からの紹介はメリットたくさん！

いちばん安全な「出会いの場」って？

結婚はしたい。でも、知り合うチャンスがないんです……。

近ごろ、よく聞く悩みですね。そんな独身者のみなさん。もし真剣に結婚を考えているとして、出会いのチャンスを増やしたいのであれば、「結婚相談所」を利用するのはどうでしょうか。

「だって、結婚相談所って、お金がかかるでしょう？」

確かに、そうです。

特に、民間の結婚相談所の場合ですと、ある有名会社の場合には、相手を紹介してくれるコースの年会費が、約20万円もかかってしまいます。

しかも、紹介してくれるといっても、確実に相手とお会いできるかどうかはわかりません。まず相手に自己紹介状を出すんですが、そこで断られたら、その縁は、終わり。つまり、何十万円払っていたとしても、会えずに終わるケースがあるんです。むこうも商売ですから、なるべく長い間、お金を払ってもらいたいと考えるんですね。

そこで利用したいのが、真剣に結婚相手を探してくれる、公的な機関。

たとえば、東京都には、公立結婚相談所があります（老人を対象にした結婚相談所なんてのもあります！）。市町村によっては、いろいろな呼び名があるでしょうが、同じようなシステムを持っているところがあります。それを利用するのです。

公立の結婚相談所の特徴は、なんといっても、営利目的でなく、おかたい役所がやっているだけあって、会員の身元調査が、民間の相談所よりずっとしっかりしていること。

民間の結婚相談所には、やっぱり、サクラが大勢います。とびっきりのサクラが2、3回のデートをしてくれるんですが、その後、「やっぱり、私とは相性が合わないようで……」と丁重に断ってくるんです。サクラを気に入った登録者は、その後もお金を払いつづけ、またイイ人が来てくれることを願うんですね。

しかし、公立の結婚相談所でしたら、こういう問題は防げます。お役所のことですから、民間のように登録者をガンガン増やそうという意気込みもなく、**真面目に結婚を考える人が選別されます**。

登録者が何百万人もいるわけではないので、すぐに出会えるかどうかは疑問ですけど、まぁ、気長に待つのも楽しいものです。

最近では、ネットでも無料結婚相談所が検索できますから、そちらで探すのもいいかもしれません。

ただし、同じネットでも「出会い系サイト」は、本当に玉石混淆という感じですから、じっくりと調査してからのほうがいいでしょうね。なかには「無料」と銘打っておきながら、お金をとろうとするところもありますので、注意してください。

ツボ 12 公立の結婚相談所を利用すると、真面目なパートナーが探せそう

「家飲み」で一気に仲良くなろう！

友人からの紹介で男性と会うときには、どこかの居酒屋もいいのですが、次第に気心が知れてきたら、家で飲み会をするのがいいでしょう。そうすれば、お目当ての彼と、もっと仲良くなれます。

アメリカでは、タッパー・パーティといいまして、各自が、好きな料理をタッパーにつめて持ち寄るパーティがありますが、それと同じくらいフランクでかまいません。ピザを注文して、飲み物とおつまみを用意すれば、もう準備完了です。

ただ、うまくやるにはコツがありますから、今回はその点について突っ込んで考えてみることにしましょう。なお、ここに紹介するテクニックは、レイル・ローンデスの著書を参考にいたしました。

1. 前もって、あなただけは食事しておく

あなたはこの会のホスト役というか、進行役なわけですから、食事の時間がとれないのは当然。ガツガツ食べる女性は、どうしても見苦しいですから、前もって軽く食事をしておきましょう。しかも、パーティ中に食事をしなければ、口臭も防げるというオマケがついてきます。

2. 男が複数いる場合には、わざと時間をずらして伝えておく

たとえば、三人の男を会に呼ぶとしましょう。そのとき、三人に時間をずらして来てもらえれば、あなたは三人全員ときちんとお話する時間を持つことができます。

一気に全員が来て、一気に全員帰ってしまうようなことにならないため、参加者を呼ぶ時間をずらして伝えるのです。もちろん、お気に入りの男性をいちばん先に呼ぶことはいうまでもありません。

3. 全員参加のゲームを用意する

人生ゲームのような、全員で楽しめるすごろく式のゲームやトランプは、必ず用意しておきます。用意しておいて、やらなくともかまわないのです。

参加型のゲームは、パーティが盛り上がらないときに、信じられない効果を発揮します。ちょっとエッチなゲームなども、クリスマスやバレンタインなどのイベントでは有効でしょう。

ツボ13 家での飲み会で打ち解けた雰囲気をつくる

スポーツ仲間の二人は長続きする?!

男は、スポーツが好きです。インドア派の男もいないわけじゃありませんが、そういう男も強引に連れ出してみると、意外に楽しんでくれることに気づくはずです。どちらかというと、女性のほうがスポーツの楽しみを知りません。汗をかくのがイヤなんでしょうか。それとも面倒くさいんでしょうか。

スポーツは、ストレスを発散させたり、健康的な体をつくるという効果がありますが、本書は「恋愛指南書」なので、スポーツには、恋愛感情を高める効果があるというお話をしましょう。

実は、**お目当ての彼と一緒にスポーツをしているだけで、彼はあなたに恋心を抱くようになるのです**。学生時代、部活動で一緒にスポーツをやっている男女が、自然とカップルになりやすいのは、単純に身近にいて声をかけやすいという点もあるでしょうが、スポーツを通して、恋愛感情が高まったことも原因にあげられます。

メアリーランド大学心理学科のグレゴリー・ホワイト博士たちのグループは、とても興味深い実験をやっています。

男子学生を二つのグループにわけて、ジョギングさせるグループと、させないグループをつくって、そのあとで、女性がおしゃべりをしている5分間のビデオを見せたのです。そして、その女性にどれくらいロマンチックな魅力を感じるかを聞いてみました。

すると、ジョギングしたばかりの男性グループのほうが、その女性に対して、ロマンチックな恋心を抱くようになることがわかったのです。

ジョギングを終えたばかりの男性は、心臓がドキドキしています。それを恋心だと錯覚して、**「ボクの心臓がこんなに高ぶっているのは、彼女のせいに違いない」**と思うのです。そのため、女性が魅力的に映って見えるのです。

天皇陛下と美智子皇后が、テニスを通じて、お互いに惹かれあったというエピソードは有名ですね。こういうエピソードは枚挙に遑《いとま》がありません。スキー場や海水浴場で恋に落ちるカップルが多いのは、身体を動かすことで、恋愛感情が高まるからに違いありません。体を動かしながら出会ったカップルは、本当にうまくいくのです。

男と知り合うチャンスがない女性は、何らかのスポーツを楽しむサークルに加入するとよいでしょう。

スポーツ以外の活動をするサークル、たとえば牛乳パックから和紙をつくるサークルですとか、折り紙を学ぶサークルなどにも、それなりに男はいるかもしれませんが、単純に知り合いになれるだけ。スポーツを通してのドキドキ感を高めることができませんので、もう少し**アクティブなサークルのほうがおすすめです。**

俗に、「スポーツを通じてのカップルは、うまくいく」といわれますが、共通の趣味としてスポーツがあるカップルは、恋愛感情がいつまでも高いままに維持されるので、仲良しなのでしょう。

恋愛がヘタで悩んでいる人などは、一緒にスポーツをしてくれる彼氏を見つけると、うまくいくかもしれませんね。

ツボ 14 スポーツを通じて知り合った男との関係は、ずっとうまくいく！

「シンクロニー」を高めよう

仲のいい男女は、まるでダンスを踊っているかのように、姿勢の共有が見られます。たとえば、男がコーヒーカップを手にとろうとすると、まさに同時に女性もカップに手を伸ばすのです。男が足を組みかえると、女性も足を組みかえるのです。見ていると、面白いほどに二人の姿勢が似ています。

姿勢だけではありません。男が歩き疲れて、ちょっとベンチで休みたいな、と思ったときに、やはり女性のほうも同じ気持ちだったりするのです。アイスが食べたいと思っていると、やはり彼もアイスが食べたい気持ちになっているという、感情の共有が見られるわけです。

このような同一性が多く見られることを、心理学では「**シンクロニー**」と呼んでいます。

男に好かれたいなら、彼とあなたの「シンクロニー」が高いことを見せてあげましょう。そうすると、男は、無意識のうちに、「あなたとは相性がいい」と感じてくれるようになるのですから。

私たちは、二人の仲がいいことを「相性がいい」といいますが、心理学者は、これを「シンクロニー」とか「同調ダンス」とか「ミラーリング」（鏡に映したようにそっくりな意）などと呼んでいます。

彼の動作をそっくり真似してください。彼の歩き方、箸の上げ下げ、腕の組み方、腕時計ののぞき込み方など、とにかく動作を真似するのです。すると、不思議なことに、感情的な「通い合い」も見られるようになります。「シンクロニー」が発生するようになるのです。

彼の考え方も、できるだけコピーしましょう。彼はどんなときに嬉しくなりますか。彼ならどんなことで喜ぶでしょうか。そういうことを考えれば、先回りして行動することもできるでしょう。

こうなると、彼もあなたとの相性の一致が喜ばしくなり、必ず恋に落ちます。私たちは、**自分の行動や感情にぴたりと反応してくる相手と一緒にいるほうが、リラックスできるからです。**

ボストン・カレッジの心理学者マリアン・ラフランス博士は、動作が一致するほど、お互いに好意の感情が芽生えるという観察を行っています。似たような動作をとっていると、私たちはその人に好意を覚えるのです。

私は、ちびちびとお酒を飲むのが好きなタイプなのですが、同じようにちびちびとお酒を飲む友人と飲むほうが好きです。やはり、自分のペースというか、リズムが一致しているほうが、気がラクなんでしょうね。

似たもの同士のカップルは必ずうまくいきます。そのためには、趣味であれ、考え方であれ、動作であれ、ライフ・スタイルであれ、「シンクロニー」を高めていくことが大切なのです。

「シンクロニー」とは、いわば「波長」のことですから、波長が合わない相手とは、どうにもしっくりこないのです。そういうつきあいは、お互いにイライラするでしょうから、やめましょう。

ツボ 15 シンクロニーが増えるほど、ぐっと親密感が高まる

男と目が合ったら、そらさないでニッコリ

街中を歩いているとき、あるいはバーで飲んでいるときなど、チラッと男の人と目が合うときがあるでしょう。

そんなとき、たいていの女性はあわてて目を伏せてしまいますが、これでは恋のチャンスを実らせることはできません。せっかく目が合ったのなら、軽く会釈しながら、ニッコリ微笑む大人の女性を演じましょう。

男と目が合ったとき、微笑むかどうかによって、恋が生まれるかどうかが決まります。あなたが微笑めば、その男が声をかけてきてくれるからです。男と知り合いになりたいのなら、この「微笑み」を忘れてはいけないのです。

ミズーリ大学心理学科のデボラ・ウォルシュ博士と、共同研究者のジェイ・ヒューイット博士は、実際のバーにおいて、ある実験を仕組んでみました。

ウォルシュ博士は、まずサクラの女性をバーに一人で行かせ、10分以内に男が声を

かけてくるかどうかを観察したのです。その際、店内の男性客とどれくらい視線を合わせるか、さらに、目が合ったときに微笑むかどうかをいろいろと変えてみました。ある男には微笑み、別の男には無表情をつくってみたのです。

すると**男は、よく視線が合い、しかも微笑んでくれた場合に、彼女に話しかけてくることがわかったのです。**次の表をごらんいただければ、よくわかると思います。

《微笑みの効果》

〈サクラの女性のとった行動〉	〈声をかけてきた男の割合〉
たくさん目を合わせる　＋　微笑む	60％
たくさん目を合わせる　＋　微笑まない	20％
一度だけ目を合わせる　＋　微笑む	15％
一度だけ目を合わせる　＋　微笑まない	5％
目を合わせない　＋　微笑まない	0％

気に入った男を見つけたら、彼のことを目で追ってください（少女漫画にありがちなやり方でOKでしょう）。視線に気づいた男が、あなたのことを見たら、そこですかさずニッコリ。すると、彼は、あなたに声をかけてきます。

①よく目が合う、②微笑んでくれた、という二つの事実がそろうと、男は、女性が自分に好意を抱いてくれたのだと思って、安心して声をかけてくるのです。

よく目が合っても、微笑んでくれない場合には、本当に自分に気があると断定できないのか、20パーセントしか声をかけてきませんので、目を伏せたりしてはいけませんよ。

ツボ 16 気に入った男性と目が合ったら、微笑むチャンス

モノの貸し借りで、「もう一度会うきっかけ」をつくろう

気になる男がいるとして、デートしたいと思ったとします。

けれども、女性のほうから「デートしない？」と誘うのは、あなたが年上であるとか、彼がナヨナヨしているとか、何らかの例外をのぞくと、あまりよくありません。

こんな場合には、なんとか〝言い訳〟をつけて、自然に会うきっかけをつくってあげましょう。

そのためには、とにかく彼から「何かを借りる」作戦がいいでしょう。借りたモノは当然返さなければならないので、「受け取る」チャンスと「返す」チャンスの２回も彼と会う口実ができるわけです。これは、とにかく便利。

以前、職場の同僚に缶ジュース代として、１２０円を借りた女性が、それを返すという名目でデートに誘ったという話も聞いたことがあります。同僚の男にしてみれば、１２０円くらいはあげたつもりだったかもしれませんが、うまいやり方です。

たとえば、あなたのお目当ての彼が、文学が好きだったとします。そんなときは、彼に小説を借りましょう。

「島崎藤村って、前から読んでみたかったの」と言えば、彼は得意になって「藤村のすごいところはね……」と語ってくれます。それを口実にすれば、いくらでも会うきっかけはつかめるでしょう。「電話じゃなんだから、今度会おうよ！」と男が切り出してくるのも時間の問題です。

何かを借りたときには、「来週の日曜日には返すね」と2回目のデートの約束をしてしまうのも、いいでしょう。ごく自然な流れですし、断る男性はいません。

「あ、いいよ。あげるよ」と言われたとしても、強引に返却のスケジュール（デート）の予定を組み込ませてしまいましょう。

もちろん、2回目に会ったときには、「すごくよかった。他にもいいのがあったら、貸してよ」と別のモノをおねだりすることも忘れてはなりません。

そうやって、「趣味が合うヤツ」と思わせたら、告白してくるのは時間の問題です。

ちなみに、平日にモノを借りてしまうと、同じく平日に返さなきゃならなくなりますので、**モノを借りる提案をするのは、基本的に〝休日の前日〟がいいでしょう。**

「明日は休みだけど、早く見たい（聞きたい、借りたい）なぁ」と言えば、よほどキライな女性でなければ、男は届けてくれます。品物を届けて、すぐに帰ってしまう男はいないでしょうから、近くのファミレスや喫茶店で1時間くらいの会話はできるでしょう。

こういうショート・デートから開始すれば、恋愛ベタな女性でも、なんとか大丈夫。

男は、モノを貸すのが好きです。モノを貸すことで、なんとなく偉くなった気持ちになれるのでしょう。また、**自分の趣味を他人に認めてもらうのは、この上もない報酬になりますから、思いっきりホメてあげることも忘れてはなりません。**

彼が、何かのコレクターだったとしたら、レア物と呼ばれているものを見せてもらう約束をしましょう。あなたにとっては、何が貴重なのか、どうすごいのかさっぱりわからないと思いますが、「奥が深いのねぇ」と感心してあげれば、男はさらに得意になって語ってくれます。まったく男って、「子ども」というか、なんというか……。

ツボ 17
男はモノを貸すのが大好き。デートの口実としても最高

美容整形が心に効くこともある

もし、あなたが自分の顔に欠点があるからといって、恋愛に積極的になれないのだとしたら、美容整形を受けるのもいいでしょう。

美容整形に抵抗を感じる女性も少なくないと思いますが、「私はブスだから……」と卑下しながら生きていくよりは、ずっと前向きであることは確かです。

韓国の女性たちのあいだでは、貯金をして、美容整形をするのが大いにはやっているそうですが、きわめて前向きだと思います。自分の欠点を愛そうとしても、現実的にそれができない人もいます。そういう人は、いっそのこと美容整形をして、カワイイ自分に自信をつけるほうがいいでしょう。

美容整形には、手術もあるので、どういう手術をどこで受けるのかについては、きちんと下調べが必要ですが、やってみると意外にスッキリするかもしれません。

心理学のデータを見ても、美容整形には、メリットのほうが多いことがわかっています。**自分を好きになり、自分に自信が持て、男と積極的に会話できるようになり、仕事もうまくいく……。**そういうメリットがあることがわかっているのですから、美容整形を受けるのもいいアイデアなのです。

「私は鼻が低いから」

そんなあなたは、鼻を高くしてください。

「私は、胸が小さいから」

そんなあなたには、豊胸手術がいいでしょう。

そうやって美容整形を受けると、うつむきがちで生きていた自分を変えることができるかもしれません。

化粧をしたり、オシャレをしたり、ダイエットしたりするのと、美容整形は基本的に同じ。好かれるためには、何でも利用してやろうという意気込みが大切でしょうね。

これは男にもあてはまります。

ウジウジしているよりは、美容整形でも何でもして、とにかく自分の性格を変えて、積極的に女性に話しかけられるようになったほうがいいのです。

ネバダ大学のデボラ・デービス博士とマイケル・ヴァーノン博士が、2000名近くの人について調べたところ、美容整形を受けた（あるいは、これから受ける）人たちは、「親しい人が欲しい」という理由を第一にあげました。

美容整形を受けて、自分のことが好きになり、それによって、親しい人を増やしたいということなのでしょう。

美容整形は、「つくりものの顔や身体」にするためのものではありません。あくまでもあなたの魅力を最大限に引き出すためのものです。ダイエットをして20キロやせた女性に向かって、「お前の身体はニセモノだ」と言う人はいませんが、美容整形も同じです。

あくまで自分の身体なのですから、つくりものでも、ニセモノでもないのです。

ツボ 18 美容整形をして、積極的な心を手に入れるのもいいでしょう

Column

エッチでダイエットできる?!

かつて雑誌の特集で、「エッチでダイエットできるか」というものがありました。しかし、結論からいいますと、あまり現実的ではありません。つまり、ダイエットなんかできないんです。

アメリカで、「オーガズム（快感）があれば、性欲も食欲も減らせるんじゃないか」という仮説が検証されたことがありました。でも、独自の公式のもとに試算したところ、数キロの体重を落とすためには、27回行う必要があるというのです。

ですけど、27回もエッチってできるもんでしょうか。私には、そんなにできるように思えません。よほど元気で、イキのいい若い男をつかまえてこないと、ムリでしょうね。

ところで、女性が1回のセックスで消費するカロリー量は、以下のとおりとなっています。あくまで目安ですから、全員が同じカロリーを消費するわけではないのですが、だいたいの感じはつかめるでしょう。

《エッチで消費するカロリー》

〈行為〉	〈消費カロリー〉
裸になる	10キロカロリー
キス	17キロカロリー
ディープキス	65キロカロリー
フェラチオ	30キロカロリー
屈曲位	25キロカロリー
騎乗位	25キロカロリー
後背位	27キロカロリー
オーガズムを感じる	100キロカロリー

ファミレスなどで食事メニューの横にカロリーが表記されているものがありますが、それを連想させますね。これだけ見ると、1回のセックスでもけっこうカロリーを消費するように思えますが、ダイエットに直結するほどじゃありません。むしろ、**ジョギングや水泳をやったほうが、もっと効率的にダイエットできます。**

だいたいエッチ自体には、それほどのダイエット効果はありません。精神的な満足が得られるだけで、よしとしましょう。それ以上を期待してエッチに臨むなど、言語道断です。

「ねぇ、ダイエットしたいからさぁ、ちょっとエッチしようよ」

そんなことをいわれて、興奮する男なんているんでしょうか?

「はい、ノルマはあと10回ね」

なんて求められると、たいていの男は、思いっきり冷めてしまうように思えるのですが、最近の若者は逆に興奮したりするのかな?

✦ 第3章 ✦

〝いちばんカワイイ自分〟演出法

「愛される女」になる10のツボ

「愛される女」になる
✦ 10のツボ ✦

女性の多くは、自分が魅力的だということに気づいていません。

ものすごくイイ魅力を持っているのに、それを“演出”する方法を知らないからです。

ダイヤモンドでも、地中に埋もれているままではまったく輝きを放ちませんが、私たちの魅力も、隠していては光を放ってくれないのです。

本章では、表情や姿勢での演出法、洋服のコーディネート術など、とびっきりの「私」を演出するための方法を探っていきます。

最高の自分を演出できるようになれば、どんな男でもひきつけられるようになるでしょう。

「自分の魅力」を理解しよう

ブレンダという心理学者が、たくさんの人を集めて、次のような質問をしてみたことがあります。

●…まわりの人は、あなたをどれくらい魅力的だと評価していると思いますか？

●…あなた自身は、自分の魅力をどれくらいだと思いますか？

このような質問をすると、得点はほとんど同じでした。

つまり、私たちは自分の魅力を、他人からの評価によって決めているのです。

男が、「○○ちゃんってカワイイね」と言えば、自分でもカワイイと思い、「お前の○○が気に入らない」と言えば、自分でもそんなふうに感じてしまうのです。

しかし、そうやって自分の魅力を決めるのはナンセンスだといえるでしょう。

自分の魅力は、あなた自身が決めるものであって、他人に決められるものではありません。

たとえ、他人の評価がどうであっても、そんなものは無視しちゃってください。そうしないと、楽しくないじゃないですか。

本当に魅力的な女性は、他人の評価によって、自分の魅力を測ることはしません。他人の評価より、自分の感情のほうを大切にするのです。

カリフォルニア大学心理学科のソニア・リュボマースキー博士のグループは、他人から悪く言われたとき、それを気にしない人のほうが、気にする人より30倍もハッピーでいられることを突き止めています。ですので、気にしないほうがいいのです。

他人の評価によって、一喜一憂してはいけません。

他人の言うことなど、あたっていることより、ハズレていることのほうが多いのです。仮にあたっていたとしても、それが自分にとっての悪い評価であるなら、聞き流したほうがいいと思いますよ。

他人に何か言われたからといって、反省する必要もありませんし、改める必要もありません。あなたは、今のままでも、十分に魅力的。そう思って、堂々と生きていきましょう。

「お前の、そういうところを直してほしい」

「もっとおしとやかにしてくれないとイヤだよ」

と彼氏に頼まれても、それを鵜呑《うの》みにしないように。そうやってムリをしていると、だんだん恋愛が重荷になってしまいますからね。

「そのままの私を愛せないなら、別に愛してくれなくてもいいよ」

と言ってください。

女性は、自然体でいるほうが、ずっと魅力的なんです。男の目を意識しすぎると、ロクなことがありません。男のアドバイスは、百害あって一利なしです。

他人の評価は、すべて無視することにして、自己の評価は自分で採点するようにしてください。

憧れの女優や歌手のポスターなどを見て、「私もこんなふうになりたい」と思っている女性もいるかもしれませんが、思いつめるのはキケンです。

目標となる人物の写真を見ていると、よけいに自分のことがキライになるからです。スーパーモデルの写真を見ていたら、自分に魅力があることを忘れてしまいます。

ワシントン大学のディアン・ジョーンズ博士は、「マスメディアに出てくるモデルと自分を比較すると、自分の身体への不満が高まりますから、注意してくださいね」と警告しています。

ジョーンズ博士によると、特に、高校生や中学生では、無意味にモデルと自分を比較して、ガッカリすることが少なくないようですから、ご用心です。

ツボ 19 自分を魅力的だと感じてあげるのが、いちばん大切なこと

女性の顔は「左側がキレイ」の法則

男に気に入られたいのなら、顔の「左側」をよく見せましょう。

隣同士に座るなら、自分の左側に彼氏がくるようにすると、彼はあなたの左顔を中心に見ることになりますから、「うわぁ、カワイイ」と絶賛してくれること、請け合いです。

一般に、顔を真ん中からスパッと左右にわけると、**どんな人でも、だいたい左側のほうが表情豊かであるというデータがあります。**左側のほうが、ずっと美人なんですね。

みなさんは、ルネサンス以降の女性の肖像画の60％以上が、左斜めから描かれている、という事実を知っているでしょうか。

すぐれた画家の人たちは、左の顔のほうが、ずっと表情豊かで、イキイキしていることを見抜いており、それを反映させて肖像画を描いているのです。

男の人と向き合って食事をするときは、やや首を右にかしげるようなそぶりをし、顔の左半分のほうを、彼の方向に向けてください。真正面から彼を見据えてはいけません。顔の左側をアピールするほど、あなたの表情はイキイキ見えます。

どうして、顔の左側を見せると「表情美人」に思われるのでしょうか。

それは、私たちの脳の機能に原因があります。私たちの感情や情緒を司《つかさど》っているのは、右脳です。楽しい気持ちや喜びを感じるのは右脳の働きで、逆に計算をしたり、論理的な推論をするのが左脳の働きです。右脳は一般に身体の左半身を司っていますから、「顔の左側」に、感情が大きく表れるのですね。

心理学のデータを見ても、顔の左側をアピールした写真と、顔の右側をアピールした写真を評価させると、ほぼ確実に、左側を見せた写真のほうが好まれたという結果が得られています。このデータに男女差はありませんので、女性にかぎらず、男だって、顔の左側のほうがかっこよく見えるのです。

顔の左側は、どちらかというと「やさしい顔」になり、右側は「キツそうな顔」になるものです。右側では、あまり強く感情が表れにくいため、怒っているように見えてしまうからなんですね。

プリクラや写真を撮るときに、顔の左側を中心に持ってくると、カワイイ感じに撮れます。ちょっとしたテクニックとして、知っておくと便利ですね。真正面からの顔が美人なのは、よほどキレイな女優さんでもないと、ムリです。

たとえ平凡な顔だちであっても、最高の顔だちの瞬間を撮ってもらえれば、とってもキュートに見えるものです。

自分にとってのいちばんの顔は、〝左側をやや前面に出したとき〟というルールを覚えておけば、いちばんの顔で、写真に撮ってもらえるでしょう。

ツボ20 顔の「左側」を見せれば、キレイ度がアップする

「姿勢美人」になる簡単トレーニング

香港やシンガポールの女性は、なぜかかっこいいと思いませんか。

体型的には日本人と変わらないのに、彼女たちが颯爽《さっそう》と見えるのは、姿勢がいいからです。姿勢がよくなると、周囲から見ても自信を感じるし、とてもエレガントです。

姿勢をよくすると、2、3センチは背が高く見えるというメリットもあります。

どんな美人でも、ステキな洋服を着こなしていても、立ち姿や歩き姿が美しくなければ、だいなしです。最近では、プチレッスン（1日だけの習いごと）が流行しているので、1日だけでも立ち方や歩き方をプロに教えてもらうのもいいでしょう。1日でも、訓練を受けると、ずいぶん姿勢美人になれます。

姿勢をよくするトレーニングは、自分でもできます。

頭の上に本を置いて、それを落とさないようにして、壁から壁まで歩いてみるのです。座っているときも、テレビを見るときも、頭の上に本を置いておきましょう。姿勢が崩れると、頭にのせた本は落ちてしまいますので、けっこう大変ですが、がんばってみてください。

姿勢のいいモデルたちも、生まれつき、姿勢がよかったわけではありません。彼女たちは人並み以上の努力をして姿勢美人になったのです。彼女たちの努力を見習って、ウォーキングの練習をしましょう。

頭に本をのせるのが面倒であるならば、**頭のてっぺんに糸が出ていて、その糸が天井から引っ張られているようにイメージするのもいいでしょう**。操り人形になったつもりで、上から糸で引っ張られているような感じで歩くのです。この訓練をしても、姿勢がよくなります。

椅子に座るときには、真正面に座った男から「く」の字のように見えるように、きちんと足をそろえて座ってください。テレビ番組に出てくる女性のキャスターや司会者の姿勢が参考になるでしょう。椅子の下で足をぶらぶらさせたり、膝が開いているなんていうのは、問題外ですので、決してやらないように。

街中を歩くときには、自分がイイ女であるという意識を忘れずに。外国からやってきたスーパーモデルになったつもりで、堂々と闊歩《かっぽ》してください。

背中を丸めて歩くと、年齢が少なくとも5歳は老けて見えることを忘れてはいけません。背中を丸めて歩くのは、おばあちゃんのように見えます。おっぱいが大きいのを隠すため、わざとかがんで歩く女性もいますが、そんなことをしていると、男は寄ってこなくなっちゃいますよ。

喫茶店で紅茶を飲むときも、まわりの男性客が全員あなたを注視していると思ってください。あなたは絶対にイイ女なのですから、注目されるのは当たり前、という意識でふるまうのです。

歩くときは常にアゴを上げて、水平線から20度くらい上を見るようにしてください。

さぁ、これであなたは立派な姿勢美人に生まれ変わっているでしょう。

ツボ 21

ちょっとの「意識」で姿勢美人になれる

「小さなバッグ」の女性はモテる！

海外旅行をするとき、大きなカバンを引きずって歩いている女性を見かけることがありますが、男はそんな女性を見て、「ああ、イイ女だなぁ」とは思いません。

大きなスーツケースをズルズルと引きずっている女性の隣を、小さなバッグ一つで颯爽と通り抜けるスチュワーデスのほうに、目を奪われるものです。

スチュワーデスだって、それなりに荷物はあるでしょうが、小さなバッグにコンパクトにまとめてしまっているのです。私たちだって、きちんと整理すれば、彼女たちのように小さなバッグにつめることができるはずなのです。

一般論としていえば、携帯するバッグが大型になるほど、女性はドレッシーでなくなります。

デートのときに荷物の多い女性は、あまりステキに見えません。

バッグは、できるだけ小ぶりなものにしましょう。

ではなぜ、大きなバッグはダメなのでしょうか。

それは、**大きいほど「男っぽい」とか「強そう」と思われるからです。**

どちらもフェミニンな印象とは対極にあるイメージですので、やめたほうがいいでしょう。

精神分析学的にいいますと、「バッグ」というのは「女性器」の象徴でもあるのです。大きなバッグを持ち歩いていると、男の目には、遊んでいて、女性器もユルイ女だというイメージを与えます。いいがかりだと思われるでしょうが、こういうイメージはとても大切ですので、気をつけましょう。

トートバッグのように閉じられないバッグも、要注意です。バッグにはきちんとファスナーかボタンがついていて、閉じていなければなりません。あけっぴろげで遊び人のイメージが漂うからです。

魅力のある女性は、持っているのかどうかわからないほど、さりげなく小さいバッグを持っています。これがカッコイイ女性の条件なのです。

誰が見てもわかるような大きいカバンを肩からかけていると、子どもっぽく見えますし、セクシーな雰囲気もどこかに吹き飛んでしまいます。

仕事に出かけるときには、ある程度の大きさのバッグはしかたありませんが、デートのときには、それを持ち歩いてはいけません。

もし必要な荷物があって、どうしても大きなバッグでなければならないようなときは、アフター5のために小さなバッグも用意しておき、大きなバッグのほうはロッカーにしまっておくとよいと思います。

ツボ 22 モテる女を目指すなら、小ぶりなバッグを持ち歩こう

男はやっぱり「女らしい」のが好き

男は、「女らしい」女性が好きです。

フェミニンな色気をプンプンさせていたほうが、男ウケがいいのです。

たとえば、外見なら「女らしさ」というのは、長い髪、スカート、小さなアクセサリー、マニキュアをつけた爪、口紅などに結びついています。

イギリス人男性、5214名を対象にして、髪の長い女性と短い女性は、どちらが性的魅力があるかと質問した調査があります。

この調査では、なんと74パーセントが長い髪と答えました。短い髪と答えた男性は12パーセントで、残りはとくに好みはないということでした。

長い髪がフェミニンな印象を与え、男に好かれるのは、いつの時代でも変わらないようです。

キャリアな女性がキラわれる原因は、彼女たちが「男っぽい」雰囲気を出しているからです。極端に短いショートカットや、かっちりとしたスーツ、大きくて重そうなカバンなどは、あまりにも男性的すぎます。有能そうに見えて、仕事をするには便利ですが、恋愛対象にはならないのです。

男は口でどんなことをいっても、最終的には「女らしい女」に惹かれます。これには、ほとんど例外はありません。

女らしい格好をして、女らしいしぐさでふるまっていれば、絶対に男の注目を浴びます。

男は、女性が、女らしい服装をしているほど、「女として」扱ってくれます。自分でも気づかないうちに、女らしい女性には親切になってしまうのです。

これを裏づける心理学のデータもちゃんとあるんですよ。

アリゾナ大学のカレン・レニー博士と、ポール・アレン博士は、男モノのシャツとジーンズをはいた女性と、女らしい服装の人が（実は、どちらも同一人物だったのですが）、ドアに近づいたときに、どれくらい男の人が、彼女のためにドアを開けてくれるのかを観察したのです。観察した場所は大学のキャンパスのドア付近で、観察は、のべ３９６回も行われました。

その結果、女らしい服装の人がやってくると、前を歩いていた男性の71％が、彼女のためにドアを開けてくれることが判明したのです。

ところが、男モノのシャツとジーンズを着た女性がやってきたときには、58％しかドアを開けてくれませんでした。男は明らかに、男っぽい女性がやってきたときに、手を抜く習性があったのです。

デートのとき、男っぽい格好で出かけると、男は親切にしてくれないかもしれません。まるで男友だちと一緒にいるときのように、あまりにもくだけすぎてしまうのです。

ともすれば、あなたが女性であることさえ、忘れてしまうかもしれません。

そんな待遇を受けないためにも、しっかり「女らしさ」をアピールしましょう。

化粧もせず、言葉づかいも男っぽいと、あなたが女性であると思ってくれなくなってしまいますからね。そうなると、気軽につきあってくれるというメリットはありますが、それでは恋愛対象としてではなく、「友情」に近くなってしまいます。

それでもいい、というのなら話は別ですが、きちんと恋愛をしたいなら、女っぽい服装をしていたほうがいいのです。

毎回デートのたびに、ジーンズで出かけて行くと、彼の心も離れるのが早いと思います。

スカートがキライでも、3回に1回はガマンするとか、いつもはスッピンでも、ちょっと口紅を塗ってみるといった女らしいところを演出すれば、彼も喜んでくれるに違いありません。

ツボ 23 デートのときは、スカートをはこう

ウエストとヒップの黄金バランス

南太平洋に浮かぶ大小300の島からなるフィジーでは、太っているほうが美人だとされています。

しかし、フィジーならいざ知らず、日本では、そんな女性は敬遠されますよね。「フィジーでは、太っている私みたいな女の子のほうが、美人なんだからね!」と言っても、まったく説得力はありません。かえって男に笑われるのがオチですから、やめておきましょう。

ほとんどの女性が気づいていることなので、あえていう必要はないのですが、太りすぎはモテません。ですから、できるだけダイエットしてください。

「肥満は怠慢」といわれるように、肥満な女性は、ただサボっているだけなんです。意志の力があれば、必ずやせられます。努力してもやせないなんてことはないんです。

ところで、やせるといっても、何かしらの目標がなければなりませんね。

そのときには、ウエストサイズがヒップの67～80パーセントくらいになるのを目指しましょう。それくらいやせれば十分。まぁ、70パーセントと覚えておけばいいんじゃないでしょうか。

テキサス大学で進化心理学を研究するデベンドラ・シン教授は、ミス・アメリカの出場者と、雑誌『プレイボーイ』の見開きグラビアに登場するモデルの身体魅力を50年にわたって研究しました。

それによると、理想的なセックスシンボルの平均体重は、50年前と比べて6キロも減っているのに、ウエストとヒップの比率はほとんど変化していなかったんです。

シン教授によると、**男がセックスアピールをもっとも感じるのは、ウエストサイズがヒップの67～80パーセントの範囲。**多少ぽっちゃりの女のコでも、ウエストとヒップのバランスがその範囲にあれば、十分にセクシーだとみなされるわけです。

たとえば、ヒップが80センチに対して、ウエストが56センチであれば理想です。しかし、ヒップが100センチあったとしても、ウエストが70センチであれば、身体ラインのバランスがとれて、それなりにセクシーに見えるとシン教授は述べています。そういう人は、ひょっとするとダイエットの必要がないかもしれません。

ちなみに、どうしてもダイエットがうまくいかない人は、奥の手を使いましょう。モデルがよく使うテクニックなんですが、**腰を左右どちらかに突き出すようにして歩いたり、座ったりすればいいのです**。そうするとウエストとヒップの比率が強調され、男ウケがよくなります。

たとえば、ソファやベンチに座るとき、お尻の真ん中に重心をのせてまっすぐ座るよりは、左右どちらかに重心をずらすと、ウエストとヒップの比率が強調されて、注目度が高くなります。

男を誘惑するときなども、こうしたテクニックを使ってみるとよいかもしれません。

ツボ 24 ウエストサイズはヒップの70パーセントを目指して！

本当にダイエットの必要があるのか判断するために

たった今、「太っているとモテません」などといっておきながら、そんなにやせなくともいいという、やや矛盾したお話をしておきます。やらなくてもいいのに「やっぱりダイエットって必要なのよねぇ〜」と勘違いする女性がいると困りますからね。

女性は、自分の身体に不満を持っている人が大勢います。やれ太ももが気に入らないとか、お尻が大きすぎる……などといったことです。もっとも大きな不満は、「私はすごく太りすぎている」というものでしょう。これが女性を悩ませるいちばんの原因です。

確かに、雑誌のモデルなんかを見ますと、みんなやせています。

でも、男の目からすると、モデルの女性たちは「やせすぎて」います。**女性が思っているほど、男はやせた女性が好きではありません。**もっと肉感的な女性（ぽっちゃり系）のほうが、本当はずっと魅力的に見えるんです。

イリノイ州にあるミリキン大学のゴードン・フォーブズ博士たちのデータでも、それははっきりとわかります。女性に、男が好きな体型だと思うものをイラストで選ばせると、実際に男が選ぶものよりも、ずっとやせたイラストを選ぶのです。

背が高く、すらりとしたスレンダーな女性が、雑誌のモデルとしてよく登場してきますが、男がみんな、そういう女性を彼女にしたいと願っていると思ったら、大間違い。

スレンダーなモデルが好きな男がいる一方で、**おそらく半数以上の男は、もうちょっと胸があったほうがいい、とか、もうちょっと太ももがあったほうがいい、と思っているものです**。

街中を歩いている女性などを見ますと、ほぼ80パーセントの女性は、まったくダイエットの必要がないように、私には見えます。10パーセントは、やや太りすぎで、残りの10パーセントはやせすぎです。ですから、普通の人ならば、ダイエットの必要はナシ、と私なら判断するでしょう。

「足が太くて……」という女性の足を見せてもらったことがありますが、どこが太いのか、私にはよくわかりません。若い女性ほど、体型に神経質になりすぎますが、そうすると、男とリラックスしてつきあえなくなってしまいます。

最近では、過食性嘔吐障害の女性も増えました。たくさん食べて、吐いてしまうのです。食事をガマンしたくないので、たくさん食べてしまうのですが、そのあとで太ることを恐れて吐いてしまうのです。男にも、同じ症状を持った人が増えました。

しかし、そこまで自分の身体に不満を抱えてはいけません。自分の身体と精神をすり減らさなくとも、あなたは十分に魅力的です。少しくらい太っていても大丈夫ですよ。私だって、ぽっちゃり系の女性のほうが、ずっと好きですし。

ツボ 25 ダイエットしたい女性のほとんどは、今のままで十分魅力的

モテる女性のファッションはココがポイント!

どういうファッションなら、男性の気持ちをひきつけることができるのでしょうか。魅力的な女性らしさをアピールするためには、この問題を避けて通ることはできません。服装をおろそかにすると、男の心は驚くほど離れてしまいますから。

モテるコーディネートについて考えた場合、**どこかに最低一点は、「身体のラインが美しく見える服」を選ぶことが重要です。**

全体的にダボダボした印象のコーディネートは子どもっぽく見えますので、恋愛対象になりにくくなってしまいます。

トップスかボトムス、あるいはインナーなど、どれか一点でいいので「身体にフィットした服」を選ぶようにしましょう。たとえば、スカートがフレアーだったら、トップスは細いリブのピッタリしたタートルネックを選ぶとか、ゆったりしたセーターを着るなら、スカートやパンツをタイトなものにして、お尻のラインを演出するとか。

ちょっと太めの女性は、それを隠そうとしてダボダボした服を選びがちですが、これはかえってマイナス。膨らんで見えるので、よけいにおデブちゃんに見えますから、適度にフィットしたものを選んでください。

身体のラインがきちんと曲線として見えるようでなければ、男ゴコロをつかむことはできません。

男は、基本的に「おっぱい」と「お尻」が大好きですから、どちらかを強調するとよいでしょう。もちろん、どちらを強調してもかまいません。

コロラド大学心理学科のリック・ガードナー博士と、南コロラド大学のジェームズ・モレルJr.博士は、18歳から42歳までの男性に、テレビモニターに映る女性を見せて、どこをよく見ているのかを分析してみました。

すると、男は、「おっぱい」をいちばん長く観察し、つづいて、「お尻」、「顔」、「太もも」、「足」という順番で長く見ていることが判明したのです。

おっぱいとお尻を強調すれば、男の視線は、釘付け、ということです。

もうひとつのコーディネートの大原則は、**「肌ざわりのよい、柔らかい素材の服」を選ぶようにするということ。**

男が思わず触れてみたくなるような素材を身につけることで、イヤ味のないセクシーな印象を演出できます。モヘア素材のセーター、ラビットファーのマフラーなどがいいでしょうね。**〝フワフワ感〟が重要です。**

男というのは、女性が着ている柔らかそうな服を見ると、つい「触りたい」という欲求を感じます。そういう欲求をあおるような服装が好ましいといえます。

男は、柔らかそうなものを見ると、「触りたい」という欲求を抑えられません。男がおっぱいとお尻が好きなのも、どちらも柔らかそうに見えるからです。

肌の露出も忘れてはいけません。冬でも、厚着しすぎないように。コートの下は、どんなに寒くても、肌を見せるスタイルで。特にノースリーブのモヘアニットや、ワンピースがいいでしょう。

逆に、夏場には少し隠すようにすると、肌の露出とバランスがとれてイイ感じになります。

ツボ 26
ボディラインを強調して男ゴコロをつかむ！

合コンで人気NO．1になる「ちょっとしたテクニック」

スタイリストの桐原美恵子さんが書かれた本を読むと、**合コンでモテる服装は、真っ白なシャツブラウスに、ベージュのスカート**だそうです。春先から夏にかけては、このコーディネートが最高でしょうね。ブラウスのボタンは、一つよけいに開けておくと、セクシーに見えます。

スカートは、タイトかマーメイドラインのもの。すでに述べたように、お尻の曲線ラインで男の目を奪うのが賢い作戦です。男は、白やベージュといったヌーディな色のスカートを好みます。清楚なイメージがあるからでしょうか。

身体のラインがはっきりわかるワンピースやロングドレスもいいでしょう。アカデミー賞の授賞式で、ハリウッドのスター女優たちが、こぞってピッタリとしたロングドレスを着ているのは、身体のラインを見せることで、セクシーさが高まることを知っているからです。

ノースリーブの服は、若々しく見せる効果があります。しかし、腕は年をとりやすいので、筋肉に締まりがなくなってきたら、袖がある服を選んで、腕を隠しましょうね。また、ノースリーブですとワキの下が丸見えですから、ムダ毛の処理も忘れずに(当然の身だしなみですから)。

秋から冬にかけては、やっぱり、タートルのニット。これも、男が大好きなアイテムです。首から胸にかけての女らしい丸みのあるラインが、とても色っぽく見えます。なんとなく挑発的なセクシーさを感じるのは、私だけじゃないはずです。

また、冬場に合コンで使いたい小物は、ストール。

ストールをサラリと肩に羽織ると、なんともいえないエレガントな雰囲気になります。それに、なんとなく「はかなげな」印象になるから、不思議です。

男は、そういう「女らしい」人を見ると、抱きしめたくなるものです。

ただし、ストールを使うときには、歩くときの姿勢に気をつけてください。前かがみになっていると、おばあちゃんのように見えますので、ふだん以上に背筋を伸ばすようにして歩かなきゃいけません。椅子に座っているときも、姿勢を前かがみにすると、病人のように見えますので、姿勢は常に気をつけましょう。

また、スカーフも同じように演出効果の高い小物だといえます。スカーフを巻いたスチュワーデスが、男に人気のある職業であることを考えてみてください。合コンで自己紹介するときにはスカーフを巻いていて、1時間くらい経過したところで、そのスカーフをはずすようにすると、男はなんともセクシーだと感じるようです。

また、バッグやアクセサリーなど、目立たないところに、ちょっと「赤色」を持ってくることも忘れないように。オシャレな感じがするというだけでなく、男は「赤色」を見ると、性的に興奮するんです。

お酒でも、男は白ワインでなく、赤ワインのほうが好きですが、色彩心理学的にいっても、赤色は男の好きな色なのです。

ツボ27 セクシーさとエレガントさの両方を演出して

コンプレックスを解消する「体型別コーディネート」

自分の身体に完全に満足している女性はいないでしょうが、ここでは、コンプレックスを解消するために、どうやって魅力的な女性を演出すればいいのか、コーディネート術を考えてみたいと思います。

コンプレックスを感じるところは人それぞれあるでしょうが、ここでは典型的なものに絞っておきます。

1. 背が低い

背の低い人は、意識的に、「Iライン」をつくること。

インナーとボトムスを同色にすると、背の低さがわからなくなります。

また、トップスを短く、ボトムスを長くするのが鉄則。丈の長いトップスを着ると、足が短く見えてしまって、バランスがとても悪くなります。

背が低い人は、ウエストラインを高く上げると、背が高く見えます（なんと足も長く見えます）。

2. 足が太い

「Aライン」をつくるのがポイント。

トップスはできるだけ小さめにし、ボトムスは、裾が広がっているもの、たとえば裾がフレアーになっているマーメイドラインのスカートがいいでしょう。

3. 顔が丸い

首の下にV字のラインをつくりましょう。

長めのペンダントをするだけでも、顔がシャープに見えます。

4. O脚

O脚の人は、ワイドパンツやストレートパンツがおすすめ。

ロングブーツをはくとO脚が隠せるので便利。

5. おっぱいが小さい

トップスに模様のあるものを選ぶと、おっぱいが立体的に膨らんで見えますよ。色も重要で、ピンクと紺、黒とベージュなどの配色は、立体的に見えます。

6. ぽっちゃり系

やや太り気味の人は、ベルトの必要がないものを選びましょう。ちなみに、背の低い人がベルトをするとよけいに低く見えることも覚えておいてください。なお、ぽっちゃり系の人がストールやショールを使うのは厳禁。

ツボ 28 コーディネート次第で、コンプレックスは解消できる!

Column

男の生理現象を科学しよう

若い男は、だいたい90分おきに勃起しています。

なぜ、90分なのかというと、90分が人間の生体リズムだからです。

睡眠のリズムも90分おきに深くなったり、浅くなったりしますが、それと似ているのかもしれません。だから、たとえば1時間30分の映画を見たとすると、そのうちのどこかで1回は、あなたの彼氏も勃起している計算になります。これは、純粋に生理的な作用によりますので、映画の内容や、あなたに興奮しているわけじゃありません。

デート中などに、彼が勃起しているのを見つけたからといって、よけいな勘ぐりをしなくともよいでしょう。

「まぁ、この人ったら、何考えてんのかしら?」と思っているあなたのほうが、何を考えているのかわかりません。

勃起した男は、たいてい隠そうとしますが、仕事中であれ、デート中であれ、90分おきにそういう現象が襲ってくるので、隠しようもないときがあるのです。

中学、高校生の男の子などは、授業中に、いきなり勃起してしまい、どうにも困った状況になったことが、少なくとも3年間で10回はあるはずです（ウソだと思うなら、男友だちか彼氏に聞いてみてください）。ちょうど勃起しているときに、先生に質問されて、すぐに立ち上がれない経験を持っている男の子も一人や二人ではありません。

勃起に関していうと、女性に意外にわかりにくいのが、「朝立ち」だと思います。朝起きると、おチンチンが膨らむという、アレです。男にとっては、朝立ちするかどうかは、その日一日が快適に過ごせるかどうかの目安になっていて、けっこう重宝する現象です。

さて、ドイツのオールマイヤーという研究者は、男の「朝立ち」について研究しているのですが、寝ているときの勃起の平均持続時間は25・5分で、これが平均79・9分間の周期で繰り返し起きることを発見しました。やはり、90分周期に近いといっていいんじゃないでしょうか。

さらに、勃起についての雑学を一つお教えして、このコラムを終えたいと思います。

１９９０年、アメリカで〝勃起マラソン〟なる奇妙な大会が開かれました。まったくアメリカ人は、何を考えているのでしょうか。

この大会、勃起をどれだけ持続できるかを競うものでして、自分でペニスを刺激するのも、恋人の手を借りるのもOKというルールで開催されたのです。いったい、どれくらい持続できたのでしょうか。なんと、このときの最高記録は18歳の青年が打ち立てた40時間でした。いやぁ、丸2日間近く、勃起しているのですから、たいしたものです。

「がんばれ〜、もっと立ててろ！」

「まだまだぁ〜、これからだぞ！」

「いやぁ〜、もっと頑張ってぇ〜」

などという応援が客席から飛び交ったのかどうかはわかりませんが、きっと大いに盛り上がった〝マラソン大会〟だったに違いありません。オリンピックの正式種目になることはまずないでしょうが、これからもつづけてほしい大会だと思います。

✦ 第4章 ✦

〝要注意男〟を見抜くポイント

「賢い女」になる9つのツボ

「賢い女」になる
✦９つのツボ✦

　本章では、読心術によって男の性格を見抜くための方法をお教えしたいと思います。どうせおつきあいをするのなら、イイ男をつかまえたほうがいいに決まっています。とはいえ、どこに注目すれば男の本質を見抜けるのか、どんなタイプの男を避けたほうがいいのかを知っている女性は、あまりいません。

「つきあう前は最高だったのに、つきあってみるとサイテーの男だった」

　……そんなことのないよう、きちんと前もってイヤな男かどうかを見抜く目を養いましょう。

　本章では、特に、すぐ判定できるポイントをあげました。これを覚えておくだけで、要注意男を最初から避けることができるようになるでしょう。

浮気男は、「瞳」の好みでわかる

浮気性かどうかは、女性の〝瞳〟の好みを調べればわかります。浮気っぽい男ほど、「瞳の小さな女性」にホレるのです。

アメリカの心理学者T・M・シムズの研究によって、**「瞳の小さな女性にホレる男性は、浮気者が多い」**という事実がわかっています。普通の男は、目がパッチリした女性が好きなんですが、瞳が小さい女性がいいという男がいるとしたら、彼は浮気っぽいタイプだと見抜けるでしょう。

なぜ、浮気性の男は、瞳の小さな女性にホレるんでしょうか。

その理由は、シムズによりますと、一人の女性にあまり情熱を傾けたくないため、だそうです。わざわざ瞳の小さな（あまりかわいくない）女性を選んで、自分が本気にならないようにするのだそうです。

彼らは、たくさんの女性と、いろいろな恋愛を楽しみたいという欲求を持っています。ですから、一人の女性と情熱的な恋愛をしてはいけないと、無意識的に自分にブレーキをかけ、わざと瞳の小さな女性を選ぶのですね。

世の中には、「かわいくなくてもいいから、とにかく、女の子とどんどん遊びたい」という欲求を持った男がいます。そういう男は、自分の理想を大幅に下げて、多少の欠点には目をつぶりながら、複数の女性とおつきあいをするでしょう。瞳が小さくて、あまり魅力的でない女性のほうが、まぁ、彼らにとっては、都合がいいわけです。

浮気性の男は、自分の気持ちにブレーキをかけたがります。本気になるのが恐いという気持ちも強いので、煮え切らない態度をとることも少なくありません。

ちなみに、兄弟の位置づけを調べても、男の浮気っぽさは判別できます。

心理学者のヴァルター・トーマンは、いろいろな兄弟・姉妹の位置づけから、性格を見抜くための研究を行いました。その結果、**「複数の姉を持つ一人の弟」という男が、浮気っぽいことがわかりました**。

このタイプは、甘えん坊でわがまま。だらしなく自己中心的で、なぜか非常に浮気っぽいのです。小さな頃から、お姉さんたちに鍛えられるからでしょうか、女性の歓心を得るのも上手なんですね。

「ボクには、お姉さんが三人いて、男はボク一人なんだよ」なんて言う男がいるとしたら、ちょっと浮気されることを警戒したほうがいいかもしれませんね。

つきあうにも時間をたっぷりかけて、浮気しないかどうかを判定するまでは、安易につきあわないようにするとよいでしょう。

ツボ 29
瞳の小さな女の子が好きな男は、浮気性の可能性アリ！

彼氏に、美人友だちを見せてはいけません

彼氏の部屋にもし女優や歌手のポスターやらカレンダーやらがあったら、それらを取り払うように詰め寄ってみましょう。そして代わりに、あなたの写真を飾るように頼んでください。嫉妬深い女のように思われるリスクもなくはないのですが、そんなことにかまっていてはいけません。断固として、キレイな女性を見せないようにするのです。

もちろん、あなたの女友だちに、美人がいるとしたら、彼女を彼に会わせてはいけないのは、いうまでもありません。

美人を見てしまった男は、ごく普通の女性では、満足できないようになります。これを「ファラー効果」と呼びます。ファラー効果とは、アメリカ人の女優ファラー・フォーセット・メイジャーズの名前にちなんでつけられた用語です。

一つ、面白い実験を紹介しましょう。これは、モンタナ州立大学のダグラス・ケン

リック博士と、アリゾナ州立大学のサラ・グッチレス博士によって行われた実験です。美しい女性が、次から次へと出てくるテレビ番組を男性に見せてから、ごく普通の女子学生の写真を見せます。そして、「この女の人の魅力って、どれくらい？」と聞いてみると、美人を見たばかりの男たちは、その女性の魅力を〝低く〟評価していたのです。

男は、女性の魅力を、比較しながら評価する傾向があります。合コンにおいて、とびっきりの美人が一人でもいると、残りの女性が、たとえ普通の顔だちであっても、悪く思われるのです。合コンをするときには、似たような魅力の人たちが集まったほうがうまくいくのは、そのためです。

デート中、彼が他の女の子をチラッとのぞき見するようなことは、絶対にさせてはいけません。男はカワイイ子を見ると、隣にいるあなたと無意識的な比較を行って、内心ではガッカリすることがあるからです。

「もっと私だけを見てよ」としつこい女を演じるのも、やりすぎない程度であれば、まったくかまわないと思います。男の目を、他の女性に移さないように仕向けるのです。

魅力的な女性を映したポスター、雑誌、テレビ番組、映画などを男に見せると、あなたの評価は、下げられてしまいます。

「女優の誰それってカワイイよなぁ」と男が口にする場合、その言葉のウラには、あなたへの不満が表れているとみなしてかまいません。「あなたはかわいくない」と暗示している可能性が大なのです。

男はバカですから、あなたには、あなたなりの魅力があることがわからないのです。

よほど他の女性と比較してくる男なら、つきあうのをやめましょう。そういう男は、美人を見るたびに、あなたにつらくあたってきたり、不満を口にするようになるでしょうから、そういう最低の男とわざわざつきあわなくてもよいのです。

ツボ 30 男は、キレイな子を見ると、あなたへの評価が厳しくなる

威張りちらす男は「キス」でわかる

威張っている男って、イヤですよね。

女性を、奴隷か召使いだと勘違いしているのか、「あれ、持ってこい」とか「オレの言うことを全部きけ」みたいな男。

マゾっぽい女の人には、こういう男がいいのかもしれませんけど、できれば避けたいタイプに違いはありません。

会社の上司にもいるでしょう。なぜか女性をバカにしたような態度をとって、小間使いばかりをやらせようとする上司……。

これと同じく、つきあった最初のうちこそやさしいのに、そのうちに性格が豹変して威張ってばかりいる男は、どうやれば見抜けるのかを考えてみましょう。

それには、「キスのしかた」をじっくりたっぷり観察してみることです。

英国の心理学者ドロシー・マクリアン博士は、**デートのときに情熱的なキスをする**

人は、結婚したら亭主関白になりやすいですよ、と警告しています。「ぶっちゅ〜」といきなりキスをしてきて、5分も10分も唇を離さない男っていうのは、結婚してからキケンな男なのかもしれません。

困ったことに、こういう情熱的なキスをされると、女性も勘違いすることが少なくありません。

「ああ、私ったら、こんなに愛されていいのかしら？」と妙な錯覚をしてしまうわけです。情熱的なキスをしてくる男は、えてして、威張っている男が多いという恋愛ルールがあることを知らないため、単純に喜んでしまうわけです。

さらにマクリアン博士によると、このような情熱的なキスをしてくる男は、セックスは自己中心的で、女性への気配りが乏しい傾向がある、とも指摘しています。

ほとんど愛撫もしてくれず、自分勝手にまたがってきて、女性の反応を気にしてくれない。そういう男はイヤだと思うなら、情熱的なキスをしてくる男は避けたほうがいいのかもしれません。

セックスのときに、自分勝手な男というのは、彼女（妻）を満足させたいという欲求があまりありません。自分が一人で盛り上がればいいので、女性が気持ちいいかどうかなど、まったく気にしないのです。そういう性生活というのは、かなり苦痛なんじゃないでしょうか。

「キスのしかた」でいいますと、「ちょっと物足りないかな」と思うくらいのキスをしてくる男のほうが、とてもやさしいといえます。

激しいキスをしてくる人は、性格的にちょっと攻撃的なところがあって、結婚したら亭主関白になります。こんな男と結婚するのは、ちょっとどうでしょうね。

ただし、フェミニン男がキライで、伝統的な男らしさを求める女性にとっては、情熱的なキスをしてくる男のほうがいいかもしれません。

威張ってはいるけれども、そんなところが男らしいと考え、それが苦痛でないと思うのならいいでしょう。それに、威張っているといっても、さすがに24時間ずっと威張っているわけではないでしょうしね。

ツボ 31 情熱的なキスを求めてくる男は、威張りんぼである可能性が大

男は「顔」に人生が出る

〝イケメン〟なんて言葉もあるように、最近では、顔だちにこだわる男も増えました。では、「男は顔で選ぶな」という言葉は、どれくらい真実なのでしょうか。

結論からいうと、「男は顔」です。

顔が命なのは、女性や人形にかぎりません。**男だって、顔が命なんです。**

というのは、顔を見れば、その男がどういう生き方をしてきたのか、どういう性格なのか、将来的にどういう人物になれるのかがよくわかるからです。

「つきあってみないと、男の本性はわからない」というのは、大ウソです。男のすべては、顔に出ます。**イイ男は、やっぱり、イイ顔をしているんです！**

ただし、この場合のイイ顔というのは、「美男子」という意味ではありません。そこを取り違えないでください。

しょっちゅう手鏡を見たり、お店のガラスに映った自分の姿を見ているような男は、イケメンかもしれませんが、心理学的にはナルシストに分類されます。薄っぺらな男ですから、つきあっていても利益はありません。

では、どういう顔がイイ男かというと、第一に、**表情が豊かであること**。「笑った顔が恥ずかしい」から見せないとか、ニヒルな男を気取って口元だけで笑うような男は、イイ男ではないのです。イイ男は、本当にいい表情で笑います。どうしてこんなに感情が豊かなのかとビックリするほど、表情がイキイキしています。

表情が豊かな人は、感情がこまやかです。そういう男性は、女性への配慮も欠かしませんから、つきあっていて疲れることがありません。気取った表情を崩さないイケメンと一緒にいると、なんとなく肩がこってしまいます。

次に、できるだけ精悍《せいかん》な顔をしているかどうか。**特に、アゴのまわりを中心に観察してみましょう**。アゴがしっかりしている男ほど、歯が丈夫で、食事をしっかり噛んでいることがわかるばかりか、アメリカのデータでは、こういう男ほど仕事で出世することもわかっています。

アゴ周辺の筋肉が弱っているような顔は、過保護に育てられた甘えん坊によく見られます。こういう男は、逆境に陥るとすぐに諦めますし、ちょっとでも散歩すると

「ああ、ボク疲れちゃったぁ」などと根をあげます。一緒にいてイライラさせられることも少なくありません。

男の顔をよく観察してください。そうすれば、その男がどんなタイプなのか、わかるはずです。

芸能人の誰それに似ているとか、そういう低次元の観察ではいけません。**イキイキとした輝きを放っているかどうか、どれくらい「生命力」があるかという点に注意を払って、よく顔を見てみましょう。**顔はいろいろと物語ってくれるのです。

ツボ32 イキイキした表情の男を選びましょう

「飽きっぽい男」を夢中にさせる方法

「男は飽きっぽい」といわれますが、どれくらい真実なのでしょうか。恋人ができても、すぐに彼氏に飽きられてしまうのでは、賢い女性とはいえません。いろいろと作戦を練って、いつまでも新鮮な気持ちを失わせないような手段を講じましょう。

科学的なデータからすれば、彼氏が飽きっぽいのは、あなたのせいではありません。男というのは、女性のように楽しみを持続するのが難しいのです。

ヴァージニア大学のティム・ウィルソン博士によると、男は性格的に飽きっぽく、刺激的な出来事にもすぐに慣れてしまい、楽しみを持続できないというのです。

この傾向は、特に「外向的」な傾向の男に見られます。明るくて、友だちもたくさんいるような男は、基本的に飽きっぽいと考えられます。ですから、**すぐに飽きない恋人をつくりたいなら、最初から「内向的」な男を選んだほうがいいかもしれません。**

内向的な男は、同じ作業を何時間やっていても飽きないようなところがあります。

外向的な男なら、すぐに投げ出してしまう1000ピースのパズルを、黙々と組み立てていくような性質を持っているからです。こういう男のほうが、恋愛は長くつづきますから、最初からそういう彼氏をつかまえると、あなたもラクなんじゃないでしょうか。小手先のテクニックを弄《ろう》さなくとも、そういう男は、あなたに飽きることが少ないと予想できますから。

でも、もし明るくてステキな彼氏（外向的な男）をつかまえたとして、その男を飽きさせないためには、どうすればいいのでしょう。

それには、**「あなたの魅力を小出しにする」という作戦がベストです**。つまり、全部を見せないようにするのです。

まず、デートの頻度。これを少なくします。

毎日、毎週のようにデートをするのはやめます。2週間に一度とか、デートするにしても早々に切り上げるなどをして、あなたの全貌をつかませないようにしてください。「私は、簡単につかまんないもん」という雰囲気を出すのです。

同じく、エッチの頻度も少なくします。会うたびにエッチするのをやめましょう。エッチをするにしても、彼の言いなりにはなりません。外向的な男が、あれをしろ、こんなことをしろと言っても、すべての注文には応えないようにするのです。それが刺激を持続するコツだといえるでしょう。

また、彼の頭をフル回転させるようにしましょう。同じデートコースが2度つづいたら、**「違うこともやりたいな」**と言うわけです。いろいろな雑誌を買わせ、頭を使うように仕向けると、男は飽きることがありません。ただし、あまりに注文をつけすぎると、面倒くさい女、と思われるキケンがありますので注意が必要ですが……。

もし「彼が飽きっぽい」のだとしたら、その原因の一端は、あなたにもあるかもしれません。どんな男とつきあっても、すぐに飽きられてしまうのだとしたら、あなたは彼氏に、すべてを見せすぎているのではないでしょうか。

男は、女性の全部がわかったと思った瞬間に、いきなり興味を失います。

簡単にゲームをクリアさせないように、いろいろなハードルや障害を設けて、あなた自身への興味を失わせないようにしてください。

ツボ 33 「簡単につかまらない女」を演じよう

「女性に興味がない男」の特徴

最近はひとりっ子が増えたとはいえ、まだまだ二人以上兄弟がいるほうが、一般的です。さて、兄弟に関して、ちょっと面白いデータがありますから、それを紹介しておきましょう。

あなたの彼氏は、お兄さんでしょうか、それとも弟なのでしょうか。もし、弟のほうなら、「ゲイ」である素質、というか要素が、高いかもしれません。

実は、**「男ばかりの兄弟の下の弟は、ゲイになりやすい」というデータがあるのです。**

調査したのは、カナダのクラーク精神医学研究所のチームで、302人の同性愛者と302人の異性愛者の男性の、兄弟姉妹に関するデータを比較しました。

すると、ゲイ302人のうち、兄がいた人は55パーセントで、兄が一人のときは53パーセント、兄が二人のときは64パーセント、四人以上の兄がいる人は七人のうち、なんと五人がゲイだったのです。四人もお兄さんがいるのは珍しいケースだとは思いますが、男兄弟が多くなるほど、弟のほうはゲイになりやすくなるのでした。

医学的な仮説によると、男をたくさん産むほど、母体の胎児を男にするプロテインを含んだ免疫システムがバランスを崩し、女性的な細胞が目立つようになるそうです。兄のたくさんいる弟ほど、「女っぽく」なっていくわけですね。それが、ゲイへと走らせるのかもしれません。

ものすごくイケメンでも、お兄さんがたくさんいる兄弟で育ったなら、ゲイであるキケンがあるかもしれません。結婚しても、「他の男」と浮気するような旦那さんだとしたら、悔しいですよね。「他の男」に浮気されるなんて、なんとなく癪《しゃく》じゃありませんか。

そういうのがイヤなら、男兄弟ばっかりの弟クンは、まぁ、慎重に観察してみることです。あなたと一緒にいるときでも、トロンとした目で、他の男性を追っているような彼氏でしたら、「ひょっとしたら……」と一応は疑ってみましょう。

ゲイは、病気でも何でもありませんが、なかなか異性愛には変わりません。たまたま好きになった男がゲイだったとすると、彼を、なんとかして自分の魅力で振り向かせようとしても、振り向いてくれないことのほうが多いのです。

そういう苦労をするくらいなら、別の男を探したほうがいいと思います。ゲイの男は、女にまったく興味がないそうですから（この点は、レズの女の人もそうですが）。

もちろん、例外はたくさんあります。私の中学からの友人は、男ばかりの四兄弟の末っ子ですが、ゲイではありません。

しかし、なぜかゲイやホモに好かれやすいそうです。温泉などに行くと、ホモっぽい男の人が、背中を流したいと申し出てくるそうで、困っていると申しておりました（あ、これは本論とまったく関係のないお話でしたね）。

ツボ 34
兄の多い男ほど、女性的である可能性が高い

彼の本気度を判定する質問

あなたに気になる男の人がいるとしましょう。会社の同僚でも、お隣さんでも、よく行く美容室の店員でもかまいません。その男性が、あなたにどれくらい気があるのかを知りたいとしましょう。なんとなく、あなたは好かれているような気がしますが、彼は、どれくらい本気なのでしょうか。

その人が、どれくらいあなたに惹かれているかを調べるには、難しいことなどありません。男の本気度を判定するのに、難しいテストなど何も必要ないのです。ある質問をされるかどうか。それをチェックすればいいだけです。

その質問とは、「○○さんは、今彼氏いるの?」という質問です。この質問をされたことがないのなら、愛情は「ない」と思ってください。

男がアプローチしてくるときには、ほぼ100パーセントこの質問をしてきます。

いくら口で、「○○ちゃんってカワイイよなぁ」とか「○○ちゃんってやさしいよなぁ」と言っていても、彼氏がいるかどうかを聞かないとするなら、恋愛感情などまるでナシ、と判断してください。カワイイとかやさしいというのは、単なるお世辞にすぎません。

この判定テストは、合コンでも利用できます。男は、お目当ての女の子を見つけると、必ず「彼氏いるの?」と聞きます。これに例外はありません。気があるからこそ、「あなたは今フリーでしょうか?」という質問をしたくなるのです。

ちなみに、彼氏がいるかどうかを聞いたあと、**さらにあなたに興味関心があるのなら、「元カレと別れたのは、いつ?」と聞いてくるでしょう**。なんでこんな質問をするかといえば、あなたがヨリを戻す可能性を判断したいと思うからです。

「彼氏がいない」→「もう半年も前に別れた」という順調な質問のステップを踏まないと、男というのは安心してアプローチできないのです。なかには、彼氏がいようが、結婚していようが、おかまいなしにアプローチしてくる男もいないわけではありませんが、そういう男はごく少数でしょう。

次に、初期のデートなどで、どれくらい本気であなたを愛しているのか判定するためのポイントをお教えします。

すぐに「腰」を抱こうとする男は遊びです。そういう男は、あなたと真面目に恋愛したいというよりは、さっさとエッチに持ち込みたいのでしょう。

考えてみると、「腰」というのは、より女性器に近いわけで、そういう箇所にすぐに触れたいのは、エッチしたいという欲望がミエミエです。足や太ももを触りたがるタイプも同じ。男は、キャバクラ嬢の太ももを触りたがりますが、それは本気で恋愛をしたいというより、さっさとエッチをしたいという欲望の表れです。

真面目な男は、「手」や「髪」に触れたいと思うでしょう。あなたを抱き寄せるときも、「腰」ではなく、「肩」からにするでしょう。そうやって、遠慮しながら近づこうとする男のほうが、一般的には、ずっと本気であなたのことを愛しているとわかるのです。

ツボ 35 本気の男は、「あなたに彼氏がいるかどうか」を気にするもの

プライドの高い男は、女好き?!

男については、プライドが高ければ高いほど、負けず嫌いであればあるほど、女好きであることがわかっています。もし、彼氏の浮気が許せないのなら、そもそもプライドの高い男は避けたほうが無難です。

プライドの高い男は、たくさんの女性とつきあうことによって、自分の存在価値が高まるような錯覚を持ちます。なんとなく自分が認められたようで、すごい人間であるかのように思えて、嬉しいのです。ですから、プライドの高い男はできるだけたくさんの女性とつきあいたいと願うのです。

日本には、残念ながら、「仕事ができる男は、愛人を持つのが当たり前」のような風潮がありましたから（今も若干あります）、仕事で出世して地位が上がったり、お金持ちになるにつれて、「オレだって、愛人の一人や二人……」という気持ちが膨らみます。一人の女性で満足するようなのは、平凡な男だけだ、と彼らは思い込んでいるのです。

政治家は、自分が偉いと思っている人が多いためか、愛人スキャンダルで追及される議員もたくさんいます。心理学的に分析するなら、きっと信じられないくらい、高いプライドを持っているんでしょうね。

アイダホ州にあるボイジ・ステート大学のアンソニー・ウォルシュ博士によると、男性にしろ、女性にしろ、プライドが高い人のほうが、たくさんのセックス・パートナーを持ち、性的な刺激を求めやすい傾向があるといいます。女性もプライドが高い人は、たくさんの男を抱えたいと思うのです。

プライドが高いかどうかは、

●…絶対に自分の意見を変えない
●…反対されると、とたんに不機嫌になる
●…自分が神様だと思っている
●…甘やかされて育った
●…一般的に、高学歴

●…専門知識をひけらかすのが好き
●…威張っている

などの特徴がありますから、注意すればすぐに判別できるでしょう。

もし、ちょっと鼻につくような性格であることがわかったら、あまり近づかないようにするのです。

「大勢の女のうちの一人」になって遊ばれるなんて、たまりませんからね。

ツボ 36
プライドの高い男は、たくさんの女性とつきあいたがる

ウソつき男を見抜く、4つのポイント

つきあっている彼氏が、どうも浮気してるっぽい……。

そういうときの女性のカンは、たいていあたっています。あなたの彼氏は、浮気している可能性大でしょう。

女性の第六感は、男性よりもすぐれています。女性は、本能的に、男の身ぶりやしぐさや口調の変化から、「何か隠しごとをしているな?」と察知するのです。

しかし、面と向かって、「浮気してるでしょう?」とか「他の女の子と会っているでしょう?」と聞いても、「いいや」という返事がかえってくるだけ。男は、とにかくウソをついてごまかそうとするので、こういう普通の質問をしてもムダなのです。

男のウソを見抜くときには、すでに事実を前提として話をしたほうがうまくいきます。これを、**「前提アプローチ」**と呼びます。ぜひ、ご利用ください。

たとえば、禁煙中の彼氏が、どうも外でタバコを吸っている疑いがあるとしましょ

う。そんなときは、

「あんた、外でタバコを吸ってるんじゃないの？」

ではなく、

「あなたが、外でタバコを吸っていることについて、話がしたいんだけど」

と決めつけて話をするのです。もうタバコを吸っていることはわかっているんだから
ね、というニュアンスを伝えれば、彼のほうも観念して本当の話をはじめます。

「あなた浮気してるでしょう？」ではなく、「あの女とは、どれくらい前からつきあってるの？」と前提アプローチで攻めましょう。男は、しどろもどろになりながらも、
逃げ場がないことを悟って、「実はね……」と語ってくれるでしょう。

あるいは、彼の返答から、ウソを見抜いてもかまいません。

アメリカの心理学者デビッド・リーバーマン博士は、ウソ発見について次のような
ポイントをあげています。

1．即答する

ウソつきは即答したがります。返事に時間がかかるとよけいに怪しまれると思

っているのでしょう。彼らにとっては、1秒1秒が限りなく長く感じられます。何か質問をして、すぐに「バッカだぁ〜。んなワケないじゃん」と即答するなら、おそらくクロでしょう。

2. 抽象論を持ち出す

男は、難しい話をして煙に巻こうとすることがあります。たとえば、「浮気してたでしょう?」と聞かれたとき、「まさか! 浮気なんて道徳的に非難されるべき行為だと思うよ」とか、「食事をするのが浮気なら、世の中には、浮気な人たちであふれかえるに違いないよ」などと難しい理論で返答するなら、おそらくクロでしょう。

3. 文末で語尾、顔、目を上げる

やけに自信たっぷりにアリバイについて答えたとしても、言葉の最後のほうで、声が尻上がりになったり、上目でチラッとうかがうようなそぶりが見えたら、ウソをついています。自分の返答に自信がないのであなたがどう思うか心配で、それを確認したいと思うからです。きっと彼はクロでしょう。

4. たくさん息を吸う

ウソをついている男は、どうしても呼吸をたくさんします。鼻息が荒くなったり、口を開けて空気を吸っているなら、残念ながら、彼はウソをついています。確実に、彼はクロでしょう。

ここにあげた4つのポイントに注目して、彼のウソを暴き出してください。とはいえ、あまり男をイジメすぎないように。彼だって、悪気があってウソをついたわけじゃないかもしれませんからね。

ツボ 37

男のウソを暴くには4つのポイントに注意すること!

Column

甘えん坊の男ほど、小ぶりのバストが好き！

「男はおっぱいが大好き」

私は、この原則が広く通用するルールだと信じておりますし、本書の中でも、そのように書いてきました。しかし、巨乳でなければ男にモテないと断言すると、女性の中には、ガッカリなさる人が出てきてしまうかもしれません。そこで、ちょっと視点を変えて、「小ぶりなバストが好き」という男のタイプがいることにも触れてみたいと思います。

オハイオ大学のアルヴィン・スコーデル博士は、「甘えん坊の男（専門的には口唇的性格）ほど、大きなおっぱいの女性が好きなんじゃないかな」という仮説をたてて、検証しています。確かに、甘えん坊ほど、母親の乳房への憧れが強く、巨乳が好きそうだと考えられます。

しかし、結果は、まるで逆でした。

つまり、依存心が強い甘えん坊の男は、小さな乳房を好んだのです。どうして、こんな結果になったのかはわかりません。スコーデル博士も、うまく説明できませんでした。

一般論としていえば、男は大きなおっぱいに興奮しますが、なかには例外がいます。大きなおっぱいを見ると、刺激が強すぎてかえって気持ちが悪くなる男もいるのです。その代表格が、甘えん坊な男たちでしょう。

よくよく考えてみると、甘えん坊の男には、ロリコンが多いような気もします。成熟した女性よりも、子どもっぽいロリ顔にドキドキしちゃう男。そういう男には、大きすぎる乳房など、必要がないものなのでしょう。

もしバストが小ぶりでお嘆きの女性がいるとしたら、そういう女性は、甘えん坊の男を狙ってみたら？　というアドバイスができますね。

周囲にロリコン趣味の男がいるとしたら、**「バストは小さいのと、大きいのと、どっちが好き？」**と聞いてみてください。おそらく「小さいの」と答えるのではないでしょうか。ですから、小ぶりなバストの女性は、ロリコンの男を狙うと、簡単に落とせるかもしれません（え？　そんな男じゃイヤだって？）。

「男は、大きなおっぱいが好きだ」

私は、つねづねこう申し述べてきましたが、だからといって、小ぶりなバストの女性が必ずしも魅力がないわけではなく、甘えん坊ですとか、ロリコン趣味の男なんかには、十分に魅力的に見えます。この原理を知っていれば、自分のおっぱいの大きさによって、ピンポイントで男を狙い撃ちすることも可能になるじゃありませんか。

ああ、なんて役に立つコラムでしょうね。

✦ 第5章 ✦

男ゴコロの操縦法

「手ばなしたくない女」になる9つのツボ

「手ばなしたくない女」になる
✦９つのツボ✦

　世の中には「クセ」のある男もおりますが、どんな男ともうまくつきあうためにはどうすればよいのかを考えてみます。あわせて、基本的な男性心理についても理解を深めていきましょう。

　男とつきあうときには、女性同士のようなつきあいは期待できません。男と女では、まったくつきあい方を変えなければいけないのです。

　女性なら喜んでくれることも、男を相手にするときには注意しなければならないことが数多くあります。

　本章で紹介するテクニックをご利用いただければ、どんな男ともつきあうことができるようになり、彼が手ばなしたくない！　と思うような女性になれるでしょう。結果として、男友だちを増やすこともできるはずです。

男は「いつもホンネトークの女」が好き

男っていうのは、基本的におバカさんです。

女性のように、言葉のオモテもウラも考慮して、判断してくれるなんてことはしません。女性同士ですと、おしゃべりしているときに、言葉のウラを読んで、相手のホンネがわかったりするのですが、男を相手にするときは、そういうわけにはいかないのです。

たとえば、結婚費用を一生懸命に稼ごうとしている彼がいるとしましょうか。彼は、あなたが理想とする結婚式をなるべく早くやりたいと願い、昼間の勤めの他に、さらに夜もバイトをしているほどです。

あなたも、それはわかっていますから、「今度の私の誕生日には、プレゼントはいらないからね」と言ったとしましょう。

すると、なんということでしょうか。彼は本当に、プレゼントをくれません。せっかくの誕生日だというのに、プレゼントの一つもよこさないのです。あなたは泣きたいくらい悲しくなるでしょう。なぜ、こんなことになるのでしょうか。

答えは簡単。あなたが「いらない」と言ったからです。

一般に、男というのは、女性の言葉を、額面どおりに受け取ります。あなたがいらないといえば、本当にいらないと思うのです。

「私たちの結婚式費用を捻出するために、がんばってるのはわかっているから、プレゼントはいらない」と言えば、それは真実だと思うのです。

その言葉のウラには、「だけど、やっぱり愛してくれているなら、安いプレゼントでもいいから、欲しいな」という微妙なニュアンスがあることに気づかないのです。もちろん、彼には悪意はありませんし、彼の愛情はホンモノです。

男がおバカさんだという理由が、これでわかっていただけたと思います。なんていうか、男っていうのは、素直すぎるのですね。ですので、男にホンネを打ち明けるときには、ストレートに伝えたほうがいいでしょう。

先の例でいえば、**「大変なのはわかってるけど、プレゼントは欲しいな」**と言えばよかったのです。そうすれば、ガッカリするようなことはなかったのです。彼も、愛するあなたのために、何かしら考えてくれたはずです。

情けないのですが、ついでに私自身の話もしておきましょう。

当時、高校生だった私は、知り合いの後輩の女の子からバレンタインデーのチョコレートをもらいました。

とはいえ、「義理チョコですからね」と念を押されましたので、本当に義理チョコだと思っていたのです。

一月後にホワイトデーがありますが、「そのお返しもしなくていい」と言われておりましたので、本当に、何のお返しもしないつもりでした。

ですが、ホワイトデー当日になり、チョコをくれた女の子の友だちから、「なんで、先輩はお礼をしないんですか！　○○ちゃんが、かわいそう……」と怒られ、はじめて言葉のウラを読むことの大切さを思い知った次第です（あわてて、お返しを買いにいった記憶があります）。

男っていうのは（私も含めてですが）、素直すぎるのです。男にとって、女性が語る言葉は、その言葉どおりに解釈されます。言葉のウラを読んだり、足りない部分を補ったりということは、普通の男はしないというか、できないのです。

男性は、言語能力においては、女性に大きく劣ることが科学的にわかっています。女性からすると、「なんで、そんなこともわかってくれないの？」ということが多々あるかと思いますが、男と女の脳は、機能も構造的にも違いがあるんです。これはどうしようもない問題ですので、笑って許してください。

男とのつきあいでは、ホンネをストレートに言ったほうが、誤解も少なくなります。

そういう女性のほうが、男にとってもつきあいやすいと思いますよ。

ツボ 38 男には、きちんとホンネをぶつけないとダメ

彼を喜ばせる話し方

男には、ホンネで頼みごとをしたほうがいいというお話は、すでにしました。

でも、女性はどうしても回りくどい表現をしてしまいがちです。

男にとっては、ときとして、それが皮肉っぽい表現に聞こえることがありますから、注意してください。

女性の「皮肉っぽいところがキライ」という男は多いので、知らぬ間にそういう表現をしていないか、わが身を振り返って考えてみましょう。

同じ意味の表現をするなら、もっと前向きな提案をすればいいのです。

たとえば、次ページの表にあるような表現は、女性がよく使うものですが、これですと皮肉っぽいニュアンスを濃厚に伝えてしまいます。男をムッとさせてしまうキケンもありますから、やめましょう。

《男が嫌うNGワード》

〈皮肉っぽく聞こえる表現〉

「私たち、どこにも行ってないわね」

「私たち、楽しいことしてないね」

「いつも同じデートね」

「他に何か話題がないの？」

〈提案型の表現〉

↓「今度、ドライブに連れて行ってね」

↓「今週は、楽しいことをしようよ」

↓「今日は、海を見に行こうよ」

↓「別の話題で話をしたいな」

どうして男は、皮肉っぽい表現がキライなのでしょうか。その理由は、「バカにされた」と感じるからです。自分のプライドが傷つくからです。

「最近、マンネリだよね、私たち」と言われると、男はその全責任が自分にあるような気がして、悔しいような悲しいような気持ちになるのです。その点、提案型の表現であれば、単純にあなたの希望を彼氏に伝えるだけですから、彼氏としても受け入れやすいわけです。

男には、「頼られたい」という気持ちがあります。女性に頼られると嬉しいんです。ですから、どんどん提案をして、彼を喜ばせてあげましょう。男には、バカにされたくないという気持ちがあります。ですから、皮肉っぽく聞こえる表現は、すべてNGだと思ってください。

皮肉っぽい表現は、「～ない」という否定表現が含まれています。

「楽しくない」とか「デートに連れてってくれない」とか「話題がない」とか。

自分の会話を分析してみて、もし「～ない」という否定表現をたくさん使っているようなら、提案型に変えるといいでしょう。

提案型とは、「～したい」、「～してほしい」と直接に頼む表現のことです。

ツボ 39 「～してね」と提案すれば、男は簡単にあやつれる

「釣った魚」にエサをやらせるテクニック

男は、基本的にずるい動物だと思ってください。

つきあう前には、一生懸命アプローチしてきたのに、いざつきあうようになったら、デートもセックスもいいかげんになる男は少なくありません。

「釣った魚に、エサはやらない」という皮肉な言葉がありますが、大なり小なり、男には、こういうずるいところがあります。

男が、そうやってずるい作戦を使ってくる以上、賢い女性としては、それに対する防衛手段を講じなければなりません。つまり、いつまでも彼の気持ちを自分にひきつけなければならないのです。

それには、いくつかのテクニックがあります。なお、このテクニックは、セックスレスを防ぐためにも有効な手段です。

いつまでも彼にとってのナンバーワンでありつづけるためには、次のような作戦をご活用ください。

作戦1．会うたびにセックスしない

これが、もっとも大切です。会うたびにセックスすると、男は、いつでもあなたを自由にできると思い込み、飽きてしまいます。「遊びすぎたおもちゃは、飽きるのが早い」とは、誰でも知っていることだと思います。

つきあいを持続する上で必要なのは、新鮮さですが、それがまったくなくなってしまわないように気をつけてください。まぁ、あまりに拒絶するのもどうかと思いますが。この点については、微妙な判断を要しますね。

作戦2．逃げてしまうことをほのめかす

男は、彼女を「モノ化」できると思うと、愛情が冷めてしまいます。

自分の所有物となった女性には、なんとなくつまらなさを感じてしまうのです。

ですので、いつでも逃げてしまうという可能性をチラつかせるとよいでしょう。

「将来、海外に留学したいなぁ」とか、「独立して仕事をやっていこうかな

ぁ」と口にすると、男は必死になって、それをやめさせたいと思うわけです。「私は、あなたのところからいなくなるかもしれなくてよ」という雰囲気を匂わせれば、彼の心が離れることはありません。

作戦3．「お母さん化」を避ける

彼のワガママをすべて受け入れてはいけません。

男っていうのは、彼女や妻を、「お母さん化」しようとします。そうなると、セックスの対象ではなくなってしまいますので、避けてください。甘えさせるのはいいのですが、それにも限度はあります。ときには、厳しく甘えを拒絶してみましょう。

ココ・シャネルは、「エレガンスとは、拒絶すること」と述べておりますが、お母さん化を避けるには、拒絶がいい作戦です。

作戦4．「他の異性の影」をチラつかせる

これが男には、よく効きます。

男にとって、自分の彼女（妻）を、他の男に寝取られることほど、屈辱的なことはありません。ですので、他の異性の影をチラチラとやられると、必死になって、あなたの歓心をかおうとがんばってくれるでしょう。

「彼氏がいるっていったんだけど、『食事くらいなら……』ってしつこいんだもん」的な発言をすれば、たいていの男は、今まで以上にやさしくしてくれます。

他の男にとられるのが、とてもイヤだからです。

ツボ 40

どんな男とつきあうときも、恋愛感情を失わせないように！

彼の話がつまらないのは、誰のせい？

「あの男の話、すっごくつまんない」

このように嘆く女性は多いと思います。今回は、男の話が退屈になってしまう本当の原因について、心理学的に分析してみることにしましょう。

はっきり申し上げてしまえば、「彼の話がつまらない」と感じるなら、あなたに彼と合わせるだけの頭と教養がないか、または彼があなたに合わせる頭と教養がないということです。

彼とあなたの教養が一致していれば、必ず彼の話は面白く、興味のあるものになるはずです。知的レベルが一致しないので、彼の話がつまらなく感じるのです。

そういう場合は、あなたにとって彼の話がつまらないだけでなく、彼のほうだって、あなたの話が退屈でしかたありません。

会話を面白いと感じるかどうかは、知的レベルがどれくらい一致するかです。

教養のある女性は、歴史の話であろうが、哲学の話であろうが、楽しく聞いてくれるでしょう。本人も興味があるからです。逆に、あまり教養のない女性は、芸能人の噂話や、エッチの話じゃないと、楽しくないかもしれません。

「友だちとのおしゃべりは楽しいけど、彼氏の話はつまんない」という女性がいます。友だちとあなたは、知的レベルが一緒なので、きっと楽しく感じるのでしょう。**彼氏の話がつまらないとすると、彼のほうが知的レベルが高すぎるか、あるいは低すぎるからです。**

こういうカップルは、どちらかが歩み寄ろうとしないと、絶対にうまくいきません。アメリカの心理学者リード夫妻が、１８６６組の夫婦の知能指数を調べるという大がかりな調査をしたことがあります。

すると、すべての夫婦の47％が、知能指数において差が10点以内であることがわかりました。全体の60％で見ても、その差はわずかに15点です。つまり、夫婦の知能というのは、とても似ているのです。夫の知能が高ければ、ちゃんと知能の高い奥さんがついているのです。

丸い穴を四角い栓でふさごうとしても、到底うまくいきません。もともと合わない二人を合わせようとするから、しなくてもいい苦労やケンカをする羽目に陥るのです。「彼氏の話がつまんない」というのなら、それは知的レベルが違う証拠ですから、私なら、さっさと別れることをおすすめします。それは、あなたにとってだけでなく、彼にとっても不幸でしょうから。

仲のいいカップルというのは、頭のレベル、会話のレベル、しぐさや表情などが、驚くほど一致するものなのです。ですから、会話のレベルが合わないな、と思うなら、さっさと身をひくことを考えましょう。

ツボ41 男の会話が楽しめるくらいの教養を身につけよう

「私は、頭のいい教養のある男の人と結婚するんだから」と意気込むのはかまいませんが、それに見合った教養を自分も持っておかないと、せっかくそういう男の人とお知り合いになれたとしても、会話が退屈でどうにもならなくなってしまいます。

それに、教養のある男の人は、それなりに教養のある内容でないと、あなたの話も面白くないかもしれませんよ。

高学歴の男を落とすコツは？

男を選ぶ基準に、「高学歴」、「高収入」、「高身長」というのがありますが、ここでは高学歴の男を落とすためのテクニックを考えてみましょうか。

「男は学歴じゃない」という意見を持つ女性も多いかと思いますが、やっぱり高学歴な男ほど、カッコイイ仕事をし、いい収入を得ているのは事実です。結婚を考えた場合には、高学歴の男のほうが得することが多いのです。

では、どうすれば高学歴の男をつかまえられるのでしょうか。

それにはまず、彼らの恋愛の特徴を理解しなければなりません。その特徴は、**「高学歴の男は、ひと目ぼれしやすい」**ということ。

『「ひと目ぼれ」の心理』の著者、E・ノーマンの調査では、ひと目ぼれする割合は、

●…高卒では32％

●…大卒では37・9％
●…大学院卒では40・9％

となっているそうです。

高学歴になるほど、ひと目ぼれしやすい傾向が、はっきりと読み取れます。

なぜ、高学歴の男ほど、ひと目ぼれしやすいのでしょうか？

その理由は、彼らが恋愛に慣れていないということです。

彼らは、勉強一筋に生きてきてしまったので、圧倒的に、経験不足なんです。そのため、女性を判断する材料が乏しく、その結果としてひと目ぼれしやすいのです。

しかも、**高学歴の男は、ロマンチックでもあります**。いきなり激しい恋に落ちてしまうのは、そのためです。

こういう男を落とすには、「イベント作戦」がいいでしょう。つまり、偶然を装って、廊下で2、3回ぶつかってみるとか、駅で何度も顔を合わせるとか、同じアパートの隣の部屋に住むとかです。

高学歴の男ほど、こういうイベントに「何かしらの意味があるんじゃないか？」と勝手に思い込んでくれます。

もともと恋愛に慣れておらず、しかもひと目ぼれしやすいタイプが多いので、あなたとしては、それほど努力をせずに彼のハートをつかむことができます。

ただし、**高学歴の男は「外見で人を判断する」傾向がある**ことも覚えておいてください。そもそもひと目ぼれしやすい男なんて、外見で判断していることが多いのです。ということは、彼と出会うときには、できるだけオシャレをしておくことも忘れてはなりません。

また、「ひと目ぼれ」っていうのは、一瞬で恋に落ちてしまうわけですけど、そういう相手と結婚するのも、悪いことではありません。

アメリカでは、ほぼ3分の2の夫婦が離婚しているのですけど、ひと目ぼれの相手と結婚した人は、75・9%も結婚を維持しているというデータがありますので。

楽しい結婚をしたいなら、高学歴の男とお互いにひと目ぼれしたいものですね。

ツボ 42
高学歴の男は、ロマンチックなイベント作戦で、一気に恋に落とす！

「甘えん坊」は一途な証拠

性格的に甘えん坊な男が増えております。

こういう彼氏とつきあったほうがいいのか、別れたほうがいいのかどうかは、議論の分かれるところだと思います。というのも、男というのは、いちばん愛している人の前では、自分の弱いところをさらけだすからです。

彼氏があなたに甘えてくるということは、あなたのことをいちばん愛しているからなのです。

もしあなたの彼氏が、あなたの前でいつでもカッコイイのだとしたら、だらしないところをさらけだせる女性が、他にいるのでしょう。あなたは遊びである可能性が高いのです。

今のところ、**彼氏があなたに甘えているということは、他に女がいないという証拠です。**それって、実は、とってもハッピーなことなんじゃないでしょうか？

妻に甘えている夫は、不倫も浮気もしません。しかし、妻に甘えていない夫は、必ず、どこかに愛人やら2号さんやらを囲っています。甘える場所が、男には必要だからです。

男性心理からいいますと、確かに街中を連れて歩くときには美人のほうがいいですし、エッチをするときには奔放な女性のほうがいいでしょう。ですが、ずっと一緒にいることを前提にしたときは、いかに「甘えさせてくれるか」がポイントになるのです。

「男性の初恋は、母親である」という心理学の基本法則があります。なぜ男が母親に初恋するかというと、母親は、いくらでも甘えさせてくれるからです。恥ずかしいところや、弱いところも、すべて受け入れてくれるのは、母親です。男っていうのは、本当に好きな人には、甘えん坊になってしまうのです。

男は、心を許した恋人には甘えん坊になります。それを理解してあげることが、甘えん坊の男とつきあうコツでしょう。

彼氏が「頼りなく見える」のは、それはあなたに対してだけで、職場では、バリバリと仕事をこなし、同僚の女性たちには「頼りがいがある男」と思われているかもしれません。男っていうのは、そういうギャップがありますから。

「え？　会社では、あんなに頼もしい○○さんが、家庭では、こんなにだらしないの？」

というギャップがあることは、よくあります。お店の女の子に対しては、いきなり甘えん坊になってしまう男性も少なくありません。さっきまで真面目な商談をしていたエリート・ビジネスマンが、キャバクラに入店したとたんに、赤ちゃんのようになってしまう姿を目撃するなんてことは、日常茶飯事です。

確かに、いつでも頼りない男なら、さっさと別れたほうが賢明でしょう。そんな男と一緒にいるのはキケンです。しかし、もしそうでないのなら、「甘えん坊の男」というだけで、別れる必要はありません。たっぷり甘えさせてあげ、それだけ、彼氏に愛される女性になるのが、賢いつきあい方です。

ツボ 43
男は基本的に甘えん坊だから、多少のことは目をつぶってあげよう

エッチしない彼氏に悩んだら……

あなたがエッチに乗り気でも、彼のほうが、乗り気にならない場合にはどうすればいいのでしょうか。

エッチは、二人の精神的な結びつきを深める働きをしますから、なるべくセックスレス・カップルにならないように注意したいものです。エッチをしない仮面夫婦、あるいは仮面カップルになると、なんでつきあっているのか、よくわからなくなってしまいますからね。男とのつきあいで、エッチは避けることができない大問題なのです。

では、男をその気にさせるにはどうすればいいのでしょうか。

実は、誰でもすぐに使える特効薬があるのです。

それは、あなたが着ていたTシャツ。つまり、**あなたの体臭のついたTシャツの匂いを男に嗅がせるのです**。もちろん、Tシャツの匂いを嗅ぐように頼んだら、どんな男でも腰がひけてしまうでしょうから、彼の枕のそばにTシャツを置いておき、香りが残るようにしておけばいいでしょう。彼が就寝するくらいの時間になったら、Tシャツをどこかに隠して知らんぷりしていればOK。これで、彼はムラムラとした気分になって、あなたを求めてくるだろうと予想できます。

「本当かなぁ？　ウソでしょ？」

あれれ、そんな声が聞こえてきましたよ。本当なんですけど、やっぱり信用できないでしょうか。私は、わりと真面目に考えているんですけどね。

ギリシャのアテネにある女性健康研究所のカトラー博士は、こんな実験をしています。カトラー博士は、健康な女性11人のワキから採取した「アンドロステノール」という抽出物を、セックスレスで悩んでいる夫婦の夫の鼻に1週間に3回、3ヶ月にわたって塗るように頼んでみました。すると、どういうわけか、夫は妻を求めはじめたというではありませんか！

女性のワキからは、アンドロステノールという物質が分泌されているのですが、これが驚くほどの媚薬効果を持っているのです。

なんとなく「ワキの匂い」って聞くと、臭そうとか、気持ち悪いとか思われがちですが、それを薄めた香りであれば、信じられない催淫《さいいん》効果を発揮してくれるんです。

よほどワキガの強い場合には、Tシャツを軽く水洗いしたものでもかまわないでしょう。そういうTシャツを彼のベッドの上やら枕元やらに、ちょこんと置いておくのです。しばらく置いておけば、必ず残り香があるものですから、彼は間接的にその香りを嗅ぐことになります。

男っていうのは、香りに敏感です。催淫効果のあるあなたの匂いで、エッチな気分にしちゃいましょう。

よほど効果がありすぎて、しつこいくらいに求めてくるようになったら、それはそれでうっとうしいですけどね。

ツボ44 エッチしてくれない男にはTシャツ作戦で迫ってみる

エッチの判断は、「2―2の法則」で！

恋人ができたとき、たいていの女性はちょっとした判断で悩みます。それは、いつエッチを許すかという大問題です。すぐに許しちゃうと軽い女だと思われそうだし、かといってあんまり拒絶するのもヘンだしなぁ……と思うのではないでしょうか。

この辺の判断は、とても重要です。

男も同じような悩みを抱えていまして、いつ誘ったらいいんだろう、誘って断られるとイヤな雰囲気になっちゃうしなぁ……とソワソワしています（男の私が言うんですから、間違いありません）。

では、**慎み深い女性であることを演じつつ、キラわれないような適度なタイミング**について考えてみます。

数ある恋愛心理学データをあさっておりましたら、「2―2の法則」というのがあることがわかりました。

なんとなく偉そうな法則ですけど、難しいことは何もありません。これは、週に2日のデートを、少なくとも2ヶ月してからエッチしようという法則。

最近の人の感じからすれば、ちょっともったいぶっているように思うかもしれません。出会って1回目のデートから体を許す女性も珍しくありませんし。

「ええ？　2ヶ月もガマンするのぉ？」と思った人、正直に、手を挙げてください。

あらら、そんなにたくさんいるんですか、まったく最近の人ときたら……。

でも、**エッチを急ぎすぎると、絶対にうまくいきません**。

男は、すぐに「寝る」女を、真面目な恋愛対象、ましてや理想の結婚相手とはみなさないからです。簡単に寝てしまうと、男の気持ちも冷めるのが早いのです。

エッチをするかどうかというのは、男にとっては、いわば最終目標。映画でいえば、エンディングです。そのエンディングがあっという間でしたら、途中のプロセスを楽しむことはできません。女性にとっては、エッチがスタートかもしれませんが、男にとってはゴールなのです。それを考えると、エッチを許すには2ヶ月はじらしたほうがいいのではないでしょうか。

確かに、身体の相性というのは重要で、どんなに性格がよくても、エッチの相性が悪ければ、それ以上のつきあいは無意味でしょう。しかし、だからといって、エッチの相性を確認するのを急ぎすぎますと、害のほうが多いのです。私は、そうやって泣かされてきた女性を、たくさん知っています。

先ごろ厚生労働省で行われた調査を見ると、男女の8割までが18歳までに初体験をすませています。男では18パーセント、女では13パーセントが13歳から15歳の間に経験するというローティーン化も進んでいることもわかっています。みなさん、手軽にエッチしすぎですよ。エッチしすぎると、恋愛が陳腐になってつまらなくなることがわからないのでしょうか。

男は、女性をベッドに誘うために、本当にたくさんのセリフを使ってきます。やれ、「オレのことが好きなら、エッチさせてくれ」とか、やれ、「もっと愛しあいたいんだ」などです。まったく男の都合のいい論理につきあっていたら、女性の身体はもちません。

こんなときには、**「好きだからこそ、すぐにエッチしたくないの」**と男の論理を逆手にとって、うまく切り返してください。

それで引き下がらないようでしたら、彼はあなたの気持ちを汲んでくれないということですので、早急に別れたほうがいいようにも思えます。身体が目当てではなく、本当にあなたのことを愛しているのなら、ガマンしてくれるはずなのです。

ドイツの劇作家G・E・レッシングは言っています、「楽しみを期待するのも、また一つの楽しみである」と。

男には、2ヶ月くらいの楽しみは与えたほうがいいのです。

ツボ 45 最初の2ヶ月は週2日のデートをしてからエッチしよう

ヨリを戻すときに、考えておかなきゃならないこと

もし、あなたが「過去の恋人とも友だちでいられる」などと考えているなら、そんな考えは、明らかなごまかしです。別れた彼氏とは、もうつきあってはいけません。友だちが必要ならば、保健所に行ってペットでも見つけたほうがずっとマシです。新しい恋を見つけるための第一歩を踏み出してください。

でも、大好きな彼氏と別れたとしたら、あとで後悔してやっぱりヨリを戻そうと思うこともあるでしょう。ですから、別れてからしばらくは、「猶予期間」としてかまいません。でもそれは、長くとも2ヶ月です。2ヶ月をすぎてからは、もう元の関係には戻らないほうがいいでしょう。**半年もすぎたあとに元カレから、「会おう」と言われても、厳しく突っぱねてください。**

男は、別れた彼女とも、なんとかしてセックスしようとすることがあります。「最後にもう1回だけ」「思い出をつくりたいから」などとウソを並べたて、あなた

とセックスしようとするのです。

しかし、こうやって別れた彼氏とするエッチほど、最悪なことはありません。彼には、もうあなたとつきあっていこうという気持ちはありません。性欲の処理がしたいだけです。なんとかあなたを「都合のいいセフレ（セックス・フレンド）」のままにとどめておきたいというのが男のホンネなのです。

ロビン・アカートという心理学者が調べたところ、女性は、特に、「自分がフラれた場合には、元カレとも友だちでいられる」と答えたそうです。自分がフラれたときには、もう一度振り向いてほしくて、なんとか友だちでもいいから、接点を持とうとするのです。

しかし、「覆水盆にかえらず」というのでしょうか。こぼれた水は、元のコップに戻ることはないのです。

女性は、自分がフラれたときには、なんとか元カレと接点を持とうとしてしまいますが、それがいい結果につながるとは到底思えません。

「別れたあとで、やっぱりお前しかいないってわかったんだ」とか「もう浮気しないと約束するから、機嫌を直してくれ」などという男の言葉は、ずるい逃げ口上です。

女性は、こうやって元カレが申し出ると、ついクラッとだまされてしまいがちです。そうやって、不幸な恋愛から逃げ出せなくなるのです。

私は、いったん別れたとしたら、どんな口実をつけられても、元カレと会うべきではないと思います。**「忘れものがあったから、部屋に取りに来てくれ」なんて言われても、それを口実にして、食事をしてはいけないのです。**

男は、あの手この手を使いながら、なんとかして会おうとします。会えば、昔の楽しかった思い出話をして、あなたの気持ちが変わるだろうという姑息な魂胆を抱くからです。

賢い女性としては、こういう男の作戦に引っかからないようにしてください。大丈夫。イイ男ならいくらでもおりますから。

一人のつまらない男と、ズルズルと関係を伸ばしても、いいことなど何一つありはしないのです。

ツボ 46 別れた彼とヨリを戻すときには、慎重にも慎重を期して

Column

エッチで健康的になれるって、本当?!

私はかつて、「セックスしていないと、自分の健康も損なうのかなぁ?」というテーマに興味を持ったことがあります。「セックスレスは夫婦仲をダメにする」とは聞きますが、健康にも影響があるのではないか、と思ったわけです。あれこれと資料を分析した結果を、ちょっとお話ししましょう。

「エッチは健康にもイイ」ということが、ある調査によって判明しています。この大胆不敵な調査をしたのは、イギリスのブリストル大学のシャー・エビラヒム教授。

教授は、10年間に900人以上の患者を調べあげ、「週に3~4回セックスかオナニーをしている人は、そうしない人に比べて60%も脳卒中になりにくい」と報告しているのです。

週に3、4回のペースといえば、だいたい新婚ホヤホヤのカップルの頻度だと思ってください。それくらいの頻度でエッチをしていると、脳卒中になりにくい(つまり健康的）だという結論が導かれるのです。いやぁ、エッチって素晴らしい予防効果があったんですね、ビックリ。

エビラヒム教授のデータでは、オナニーでも同じ効果が期待できそうですけど、どうせならパートナーがいたほうがいいに決まっています。脳卒中を予防するためにオナニーしている姿っていうのも、なんとなく情けないですし。

エッチな人ほど、生命力にあふれていて、顔もツヤツヤしていることは、経験的にもみなさんご存知なんじゃないでしょうか。ツヤツヤした顔で出社して、「昨日の夜は、張り切ったんじゃない？」と冷やかされた人も少なくないはず。そういう経験則からいえば、「エッチは百薬の長」という諺《ことわざ》をつくっても間違いではないのでは。

とはいえ、お酒もそうですけど、「過ぎたるは及ばざるがごとし」というわけで、エッチもほどほどがいいでしょう。週3回くらいのペースがいいわけで、何十回もエッチしていると、かえって健康を損ねるんじゃないでしょうか。

中国には「回春」という思想があって、異性と触れ合うことが長寿の秘訣としていました。

これは本当なんです。男性ホルモンのうちでもっとも強い作用を持つテストステロンという物質は、セックス機能を増強すると同時に他の器官の機能も高め、活性化するのですから。

エッチが強い人ほど、他の諸器官の機能も高くなる傾向があります。テストステロンは男性の体内で製造され、セックスするほど増えます。オスザル一匹にメスザルを何匹も一緒に入れると、オスザルの血液中のテストステロンの値はどんどん上昇し、毛ヅヤもよくなり、動きも活発になったという報告もありますね。

なんだかよくわからないコラムになってしまいましたが、コラムっていうのは、本来、そういういいかげんな性格を持っていますから、お許しください。

✦ 第6章 ✦

男の恋愛心理〝ウソ〟と〝ホント〟

「男のホンネがわかる女」になる9つのツボ

「男のホンネがわかる女」になる
✦９つのツボ✦

　ついに最終章になってしまいました。これまでの各章をしっかりと読んでくださったみなさんは、すでに魅力的な女性へと変身を遂げていることでしょう。恋愛に大切なポイントも理解できているはずです。

　すでに、私は十分なお話をしてきましたが、最後の本章では、ちょっと気分を変えて、Ｑ＆Ａ形式でお話を進めていきましょう。女性によくありがちな質問をもとに、それらの質問に対して、心理学的な回答をしてみます。

　ここに紹介した質問は、私が実際に女性誌などで質問されたことなどをベースに作成しました。同じような疑問を抱いている女性はたくさんいるでしょうから、ぜひ参考になさってください。

《あの人を振り向かせたい！》

男が感じる女性の魅力ベスト5

「男って、やっぱり何だかんだいっても、最後は美人が好きなんでしょ？」

このように信じ込んでいる女性は大勢います。

しかし、そんなにふてくされないでください。外見重視の男がいることは確かですが、そうとばかりは言い切れない面があります。信頼性の高い心理学のデータを見ると、意外にも、他の側面が重視されていることがわかっているからです。

たとえば、**「あなたにとって、女性の魅力とは何でしょうか？」**と聞いてみた調査がありますが、**第1位は、なんと「楽しさ」**で89・3パーセントでした。

ほぼ9割の男が、女性との楽しさを重視していたのです。一緒にいて楽しい女性であれば、外見は関係なくなるかもしれません。

男にとっての魅力の**2番目は、「社交的」**で、84・1パーセントでした。

明るく挨拶してくれたり、気軽に話しかけてくれれば、そういう女性も男にとって非常に魅力的に映るらしいのです。「明るさ」っていうのが、ポイントですね。

つづいて**3番目にランクされるのが、「コミュニケーションが上手」**です。会話上手な女の子に魅力を感じる男は、83・2パーセント。**4番目が、「知的さ」**で81・3パーセント、**5番目が「ユーモアセンス」**の80・5パーセントの順です。

結局のところ、ベスト5にあがっている理由は、すべて外見ではありません。

したがって、「男は、美人が好き」と一概に断定できるわけではないのです。ちょっとはホッとしていただけたでしょうか？

男にとって、まったく魅力がないのは、地味で、暗くて、会話がつまらなくて、質問しても返事がかえってこない女性です。そういう女性ですと、たとえモデル並みの顔だちでも、男には好かれないでしょう。むしろ、顔だちは普通でも、気さくに話しかけてくる女の子に男はホレてしまうようです。

私は、いろいろなお店で「指名ナンバーワン」のモテる女性の方たちとお話させていただいたことがありますが、正直なところ、「フツー」の女の子でした。顔だちとしては、十人並みといってかまわないでしょう。ですが、底抜けの明るさがあって、華のある雰囲気を持っていました。「ああ、こういう女の子って、やっぱり魅力的だな」と感じたものです。

「男は美人が好き」だと思っていると、なんとなくガッカリするでしょうし、積極性もなくなってしまうでしょう。

うつむきがちで、自分をイジメるような女性は、男にとって魅力的ではありませんので、自分に自信を持って、積極的に男に話しかけるような女性を目指そうではありませんか。

ツボ 47 明るくて会話が面白い女の子に、男は弱い

《彼氏が欲しい！》

男は女のココを見ている！

「男の人って、女のどこをよく見ているんでしょうか？」

この質問に対しては、明快な回答ができます。「おっぱい」と「お尻」です。この二つこそ、男性をひきつける2大ポイントだといえるでしょう。

特にどこをよく見ているのかといえば、第一に「おっぱい」です。

たとえば、こんな実験があります。

ワシントン大学の心理学教授であるジョーン博士は、自分のゼミの女子学生を使い、おっぱいを2インチ（約6センチ）高く見せるパッドを入れてヒッチハイクするのと、何もつけずにヒッチハイクするのとでは、どちらが成功するかを調べました。

すると、パッドを入れた場合に成功率は二倍に高くなったのです。

男っていうのは、悲しいほど女性のおっぱいをよく観察しているのです。こんなデータは、心理学の実験では、事欠きません。

2001年、セントラル・フロリダ大学のステーシー・タントレフーダン博士に報告された論文では、1990年から1998年まで、男にとって理想のおっぱいサイズを調べたところ、8年間通して理想サイズは巨乳だったという結果になりました。

なぜ、男が女性のおっぱいに惹かれるのかというと、それが男にないものだからです。男にも胸はありますが、女性のように、丸みを帯びたおっぱいはありません。だからこそ、それへの憧れが強いのです。

ベストセラーの『嘘つき男と泣き虫女』（主婦の友社）を書いたピーズ夫妻は、「鼻と胸の整形手術のどちらかを選ぶなら、間違いなく〝胸〟である」と述べていますが、男にとっては、顔以上に胸は大きなインパクトを持っているといえるでしょう。

次に、男がよく見るのは、女性のお尻です。男がハイヒールをはいた女性が好きなのは、そうすると背中が反り「おっぱい」と「お尻」が両方強調されるからです。

マリリン・モンローは、靴の左足のヒールだけ2センチ短くして、お尻のフリを大きくしたという逸話も残っています。これが、有名なモンローウォークですね。

左足のヒールが短いのですから、歩きにくかったに違いありませんが、だからこそセクシーと評価されたのです。

3章でも述べたように、男が好きな服装は、胸の丸みを強調するようなドレスやセーターですし、お尻のラインがはっきりとわかるスカートやパンツです。こういうファッションがウケるのは、男が「おっぱい」と「お尻」をよく見ているからなのです。

なかには、「おっぱいの大きさなんて、気にしない」と口にする男がいるかもしれません。しかし、それはウソですから、真に受けてはいけませんよ。

私の男友だちにも、「おっぱい」なんて気にしないと公言していた男がおりましたが、いざ結婚相手を選ぶときには、あれこれと注文をつけていたものです。

男っていうのは、予想以上に女性の外見に影響されやすいのですが、特に気にすべきポイントは、「おっぱい」と「お尻」であることを覚えておくとよいでしょう。

フェティシズムは男によく見られる特徴で、女性にはあまり見られないのですが、フェティシズムの対象になりやすいのも、やはり「おっぱい」と「お尻」なのです。

ツボ 48 男はかならず、「おっぱい」と「お尻」に注目する

《彼に嫌われたくない！》

男にしてはいけない「キケンな質問」

「彼氏が怒りっぽくて、すぐに怒鳴り声をあげます。普通にしゃべっているのに、彼が怒るのには原因があるのでしょうか？」

女性がよく彼氏にしてしまう「キケンな質問」というのがあります。不注意にして、彼を不機嫌にさせる質問です。彼氏に次のような質問をするのだけは、やめておきましょう。あなたに悪気がなくとも、男は絶対に気分を害するからです。

①「他の誰かと会ってるんじゃないの？」

ちょっとでも携帯電話で連絡がつかないと、女性の70パーセントはこういう質問をしてくるんじゃないでしょうか。

この質問を受けると、男は、自分が愛されていると感じるより、「信用されていない」と感じます。束縛されているような気持ちになり、ひどく気分が悪くなります。

②「ずっと一緒にいたいと思わない？」

ずうずうしいにもほどがあります。

男というのは、どんなに好きな相手とも、ずっと一緒にいると、トキメキが失われることを痛いほど知っています。かといって、「ずっと一緒はイヤだよ」とも言えませんので、返答できないのです。

③「私のこと、好き？」

あつかましすぎます。レディスコミックの読みすぎでしょう。男は、女性に向かって、はっきりと「好き」と言いません。そういう恥ずかしい行為を男に強要するのはやめましょう。男を困らせます。

類語に、「愛してるって、言って」というものもありますが、こちらも同程度に男は困りますので、気をつけてください。

④「二人の時間、どのくらいとれる？」

こう質問されると、なんとなくデートが義務的になってしまいます。時間がとりにくい忙しい彼氏であっても、「終了時間」を尋ねてはいけません。「いつセックスしようか」という意味に聞こえなくもないので、注意してください。

⑤「いつまた会える？」

あなたが彼にとって、あまり会いたくない女であった場合、男としては返答するわけにいかなくなります。ガマンにガマンをして、ようやくデートが終わってくれそうな矢先に、こう聞かれると、男としては愕然とするでしょう。

次回のデートについては、男のほうから誘うのがマナーですから、はしたない女性を演じてはいけません。

ツボ 49

男が不愉快になる質問は、絶対に避けること

《これって、いけない恋？》

もしも「いとこ」に恋してしまったら？

「私は、「いとこ」の男のコに恋をしてしまいました。告白しても大丈夫なんでしょうか？」

近親者に対して、愛情を持ってしまったわけですね。

血のつながった弟やお兄さんですと結婚はできませんが、「いとこ」なら何ら問題はないでしょう。都会暮らしですと、ほとんどつきあいのない親類など珍しくありません。

遠くに住んでいたりして疎遠になってしまった親類もたくさんいるでしょうから、たまたま「いとこ」とは知らずに恋に落ちることも可能性としてありうると思います。

昔は、「いとこ」同士の結婚など、珍しくもなんともありませんでした。親同士の仲が悪いとか、そういう理由がないのなら、恋愛を妨げる原因にはなりません。どんどんアプローチして、恋人にしちゃいましょう。

ただし、結婚するにあたっては、一つだけ注意点があります。

近親者同士で結婚すると、男女ともに劣性遺伝子を持っている確率が高くなり、生まれてくる子どもに、遺伝病が出現しやすくなるということ。

研究機関が21種類の遺伝病について調べたところ、他人同士の結婚では3000回に1回の割合で遺伝病が出現するのですが、「いとこ」同士の結婚になると、180回に1回の割合にまで、増えてしまったそうです。他人同士の結婚に比べると、約17倍もの高確率。

「いとこ」同士で結婚すると、生まれてくる子どもの180人に1人は、遺伝病を持ってしまうのです。こればかりは、神様の配剤というか、私たちにはどうすることもできません。もちろん、それを恐れて恋愛をやめる必要はまったくありません。180人に1人というのが、多いと思うのか、少ないと思うのかは、人によると思いますが、私などは、ほとんど気にならないレベルだと思います。

100人中1人で遺伝病が生まれるとしても、99パーセントは大丈夫だというわけですし、この場合には約200人中1人ですからね。確率としては、まぁかなり低いです。

それに、「いとこ」というのは、気心が知れているという点では、他人に比べてメリットが大きいですね。血のつながらない兄弟・姉妹と結婚する人もいるでしょうが、お互いの気心が知れているために、結婚してからも適当に仲良くできる夫婦が多いと聞きます。幼なじみと結婚するのと似ているといえるでしょうか。

ちなみに、親同士も知っているということで、仮にケンカをしたとしても、お互いの両親が、「まぁ、まぁ」と相談にのってくれやすい点もメリットです。

だいたいケンカ別れをする人たちは、誰も仲裁に入ってくれないからこそ、仲がこじれてしまうのですけれども、親同士が他人でないということで、うまく仲裁してくれますので、「いとこ」同士の結婚のほうが、安心できる面もあるわけです。

ツボ 50 「いとこ」に恋するのは問題なし。積極的にアプローチしよう

《ダメな男の調教法》

ナヨナヨ彼氏を生まれ変わらせる！

「彼が子どもっぽく、ナヨナヨしています。どうすれば、もっと男っぽくなれるでしょうか？」

「男が弱くなった」といわれる昨今ですので、こういう彼氏にイライラさせられる女性も多いでしょう。

ナヨナヨした男っていうのは、見るに耐えません。優柔不断で、誰かに相談しないと、何も決められないのです。こういう彼氏を持ってしまった相談者に、心より同情いたします。

では、どうすれば彼氏を「頼りがいのある男」に変身させられるのでしょうか。

結論からいえば、「男っぽい集団」に彼氏を入れることです。彼氏がナヨナヨしているのは、友だちもナヨナヨしているからでしょう。まずはそれを断ち切るのです。

一つの作戦は、年配者や先輩たちとつきあわせることです。男というのは、同年齢よりは、年齢が上のほうが、やはり頼りがいがありますから、そういう人たちと積極的におつきあいさせるように仕向けるのです。

年上の男性とつきあっている男は、自然と大人びてきます。

小さい頃、私の近所には、4歳くらい年上の人がたくさんいたので、その人たちと遊んでもらいました。そのため、私は、かなり大人っぽい子どもだったような気がします。少なくとも、年齢よりいくつも年上に見られたものです。今でも、親しくおつきあいさせていただいているのは、先輩が多いですね。

年上の先輩と遊んでいると、その先輩に追いつこうという気持ちが強くなり、自然と、「頼りがいのある男」に変身していくでしょう。これを、彼氏にも試してみるのはいかがでしょうか?

ネズミの実験なんですけど、未成熟の群れに成熟したオスを入れると、性成熟が早まります。これを「ヴァンデンベルグ効果」といいます。

これは、人間にも見られるのではないでしょうか。ナヨナヨした新入生が、たくましい先輩のいる部活に入部して、どんどん性格が改善されていくのは、よくあることです。

子どもっぽい友だちとばかり遊んでいると、自分もナヨナヨしてしまいます。しかし、すでに成熟した大人の先輩と一緒におつきあいさせていただくと、自分もそれに合わせようとして成長していくのです。

とはいえ、最近では、年齢が上とはいっても、子どもっぽい先輩もいるでしょうから、そういう先輩と一緒にいても、彼氏のナヨナヨした性格は変わりませんけどね。

また、彼氏がナヨナヨしているのは、あなたが原因であるという可能性も否定できません。あなたが彼氏を甘やかしすぎているということはありませんか。

もしそうであるなら、**「もっとたくましくなってくれないと、別れちゃうから」**くらいの恐怖を与えてみるのもいいんじゃないでしょうか。

男っていうのは、好きな女性のためなら、いくらでも変わろうとしてくれますから。

ツボ 51 年配者とつきあわせると、男は「頼りがい」が出てくる

《あの人の気持ちがわからない……》

男は「本命」の前では無口になる?!

「合コンで、私に積極的に話しかけてきて、たくさん笑ってくれていた男の人が、後日、別のコに告白していることがわかりました。どうしてなんでしょうか?」

男は、特別に好きではない女の子とも普通以上に語ることができます。

女性は、キライな男が近くにくると、露骨に「イヤだなぁ~」という表情を見せてしまいますが、男はウソをつくのが上手ですので、特別に好きではない女の子ともそれなりに会話ができるのです。

合コンのとき、相談者と盛り上がっていたそうですが、男にとっては、このくらいの芸当は朝メシ前。あなたに乗り気じゃなくとも、冗談の一つや二つは平気で言えるのです。あなたはそれによって、「私に気があるのね」と勘違いしたのでしょうが、若すぎたという証拠です。

一つ覚えておくといいルールがあります。

男というのは、好きな女の子、とりわけ自分が狙っている女の子の前では、あまり笑いません。

ドイツの人間行動学者カール・グラマー博士の研究によれば、女性は、魅力的な男性が近くにいると、頻繁に笑うそうですが、男というのは、この逆であったそうです。ビックリしたでしょうか。

女性は、気になる異性に好かれようとして、彼の気持ちをひくために「笑顔」を見せます。

しかし、男は、好きな女性に自分の心を見抜かれてしまうのがイヤで、わざわざ無表情をつくって、自分の本心を隠すのです。このルールを知っていれば、合コンで盛り上がった男が、必ずしもあなたにホレているわけではないことがわかったでしょう。男は、合コン中、一度もおしゃべりしていない女性が本命であることが多くあるのです。

女性ですと、気になる男がいれば、その人に猛烈な質問をしたりするでしょうが、男の場合には、本命をわざわざ避けるのです。そして、あとでこっそりと追いかけて思いを伝えたり、二人になったときに携帯の番号を聞きだそうとするのです。

パーティで、一人の女性とずっとしゃべっていた男が、告白タイムのときには、別の女の子を選ぶことは珍しくありません。彼にとっては、本命は別にいたのです。まわりの男も、やはり男だけに、その気持ちがわかりますので、驚きません。

ビックリするのは、そのパーティ中、ずっと彼につきあっていた女性です。彼女からすれば、「え？　どうして？」という気持ちでしょう。別の子が好きなら、その子に話しかければよかったのに、と思うかもしれませんね。せっかくのパーティの時間をムダにしたように思うかもしれません。ですが、男っていうのは、こういうワガママなところがあるのです。

男が、あなたに積極的に話しかけ、一緒に笑っているからといって、必ずしも、あなたにホレているという証拠にはなりません。この原則をしっかりと覚えておいてください。

ツボ 52 男は、好きな女の子をわざと無視する傾向があることを覚えておく

《急に電話がこなくなったら……》

そこに気持ちはなくても、男は「NO」が言えない

「3回もデートした男の子から、いきなり電話がかかってこなくなりました。何かあったのでしょうか。私から電話をしたほうがいいのでしょうか」

男というのは、電話をかけないことによって、「もうお前に飽きた」とか「そろそろ別れよう」というニュアンスを伝えようとします。

恋愛初期では何度も電話をかけてきたのに、プッツリとなくなったとしたら、それは彼にとっての「もう別れよう」のサインなのです。

基本的に男というのは、拒絶するときにははっきりした表現をためらいます。無視していることが、拒絶のサインになると思っているからです。

たとえば、アパートを探していて不動産めぐりをしているときなどは、いろいろな物件を紹介されます。でも男は、気に入らなくても、いちいち電話で報告したりしま

せん。そのままほうっておくことで、不動産屋に興味がなかったことを伝えるのです。

女性なら、不動産屋がいつまでも待っていると思って「別の物件にします」とわざわざ断りの電話を入れるかもしれませんが、こんなことをする男はほとんどいません。

仕事においてもそうです。男は、あまり乗り気じゃない依頼や注文を受けたときには、よく「考えさせてください」とか「あとでご連絡します」と言いながら、実際には、電話をせずにほったらかしにします。連絡しないことで、拒絶のサインを送るのです。相手も、そういう男性心理をよく知っておりますから、「ああ、あの件は、断られたんだな」と悟ります。

男というのは、断られる相手のメンツを考えて、はっきりとメンツをつぶすよりは、無視することで拒絶を伝えようとするのです。決して面倒くさいので、明確な拒絶をしないわけではないのです。

もちろん、恋愛でも同じです。女性から「○○さん、今度食事に連れてってくださいよぉ」と頼まれたとき、「お前とじゃ、行きたくない」と面と向かって断れる男って、いるんでしょうか。そういう勇気のある男がいたら、お目にかかりたいものです。

普通の男は、はっきりした拒絶でなく、「あとで電話するから」とか「いい店を調べておくから」といいながら、実際には、何の連絡もしないことで、お断りのサインを送ってくるはずです。

それは彼のやさしさですから、怒ってはいけません。

2、3度デートをしてから、彼の電話が少なくなったのだとしたら、それは、あなたへの興味を失ったのだと思ってください。

「いやぁ、仕事が忙しくなってきて」「やらなきゃいけない雑用が増えて」「友だちづきあいも大切で」などと言い訳をしてきますが、それは言い訳にすぎません。

彼のホンネとしては、連絡をとらなくなることで、あなたとの関係を終わりにしたいと願っているのです。

連絡をしなければ、自然消滅ができると思うのが男。そういう男心をくんで、「わかった、じゃ、ヒマなときにでも連絡してね」とサラリと彼のことを諦めるのが、スマートな女性のあり方だといえるのではないでしょうか。

ツボ 53 男からの連絡がなくなったら、恋愛感情がゼロになったことのサイン

《もっとエッチを楽しみたい！》——

感じなくなる原因はお酒？

「私は、エッチをしても『感じにくい』のですが、何かいい方法はあるのでしょうか？」

最初にお聞きしたいのですが、あなたはお酒をどれくらい召し上がっているでしょうか。かなり飲むタイプだとしたら、お酒を控えるようにするといいかもしれません。

九州大学の研究グループが、20代から60代の女性アルコール依存症患者42人について調べたところ、100パーセント不感症だったという報告もあります。

男だって、お酒を飲みすぎると立たなくなってしまいます。女性も、これと同じような現象が起きるのでしょう。

酔っ払ってエッチをしたくなる女性がいる一方で、酔うと感じなくなる女性がいることも確かです。ひょっとすると、**あなたは酔うと感じなくなるタイプなのかもしれ**

ません。

また、不感症である原因は、あなた自身にはなく、男のほうにあるのかもしれません。たとえば、早漏であるとか、愛撫をしてくれないなどの理由によって、感じにくくなっているのかもしれません。

そんな場合には、ストレートに、**「もっとたくさん愛してほしいな」**といった注文をするとよいでしょう。ムリにエッチをしなくとも、キスをしたり、ペッティングをしているうちに、次第に興奮が高まってくるのを待つのです。

ワガママな男とエッチをすると、自分勝手なペースでセックスをしようとします。まだ濡れていないのに挿入しようとしたり、指を強引に女性器に突っ込んできたりなどします。

それが原因で不感症になることもありますので、もっとやさしくしてほしいときちんと注文しましょう。男というのは、女性から言ってもらわないと、自分がしている過ちに気づけないのです。

さらに、色彩セラピーによって、感じやすくするという方法もあります。

「女性は何色にもっとも感じるか？」ということを、東京工業大学の稲村耕雄《やすお》教授が調べているのですが、その結果は「紫」でした。薄紫系のラベンダーやライラックの色を眺めていると、女性ホルモンの内分泌をいちばん活発にしたそうですよ。

ということは、室内のインテリアを、紫っぽい色にしてみると、視覚的にも、興奮が高まるのかもしれません。枕やシーツ、ベッドカバーなどを紫色にすると、なんとなくエッチな気分が高まってくるんじゃないでしょうか。

ところで男はというと、「赤色」や「ピンク」で興奮しますので、あなたではなく、彼のほうがエッチに乗り気じゃない場合は、赤色を見せてやるのもいいでしょうね。そうすると、彼も興奮してくるはずですから。

ツボ 54

解決法はたくさんあります。いろいろな作戦を試してみて！

《悲しい別れをのりこえるために……》——愛が終わったときにすべきこと

「5年もつきあっていた彼氏にフラれました。とても悲しいです。どうすれば、悲しみを消せるんでしょうか?」

告白を断られたり、彼氏に二股をかけられたりと、つらい出来事があったとします。こういうとき、男よりも、女性のほうが何倍もつらい気持ちになるはずです。

男だって、失恋をすれば、それなりに悲しい思いをします。

しかし、その程度は、わりと小さくて、一晩お酒を飲んで寝てしまえば、翌日にはスッキリするレベルです。女性のように、しばらく別れた彼氏のことを考えて枕をぬらす……ということはないのです。これは、男女のはっきりした違いですね。

アメリカ国立精神医学研究所で、悲しいことを思い浮かべたときの脳の状態を調べた実験があるのですが、反応を示した脳の領域は、女性のほうが男性よりも8倍も広かったといいます。**女性のほうが、涙もろくて、悲しみには8倍も敏感なのです。**

しかし、女性のほうが悲しみを感じやすいからといって、いつまでもクヨクヨ、メソメソしていたのでは、新しい恋に向かうことはできません。

では、どうすればいいかというと、身体を動かすことです。家の中に閉じこもっていないで、とにかく外出するのです。**外に出て行くだけで、悲しみは薄れます。**

いくら悲しいとはいっても、身体を動かしていると、それなりに気が紛れます。定期的に悲しみが襲ってくることは避けられませんが、その感情は、時間とともに、どんどん鈍っていきます。つらいのは「最初の4日」だけと述べるセラピストもおりますから、悲しいイベントがあってから4日くらい、ぶっつづけで何かに打ち込むといいでしょう。

この4日間は、女友だちとおしゃべりをして、悲しい気持ちをスッキリさせるのもいいでしょう。友だちに話を聞いてもらうだけで、悲しさの重荷を、半分持ってもらえたような気持ちになるはずです。

いちばんまずいのは、失恋したばかりのときに、他の男と寝てしまうこと。そんなことをすると、かえって悲しい思いをします。

「他の人に抱かれちゃえば、少しは元カレのことを忘れられるかも……」と考えるのはよくありません。そうならず、かえって昔のことを思い出すばかりでしょう。

シェークスピアは、「悲しいときには、もっと悲しいことをすれば痛みを消せる」という内容のことを述べておりますが、果たしてそうでしょうか。私などは、悲しみは時間とともに風化させたほうがいいような気がします。

失恋したばかりは、しばらく男とのエッチを控えるくらいのほうが、かえって立ち直りは早いと思います。

ちなみに、失恋したばかりの状況では、冷静な判断ができなくなっていますから、つまらない男に心が動くこともあります。冷静な状態のあなたなら、絶対に食事にもつきあわないような男とデートしてしまったりするのです。それが、あなたにとってよくないことであることはいうまでもありません。

ツボ 55 悲しみを消すためには、最初の「4日」を乗り切って

おわりに

「私って、すっごくモテるんだから」

「合コンでは、必ずいちばん人気になっちゃうから、他の子に悪いのよね」

と言い切る女性は、ほとんどいないでしょう。少なくとも、私の周囲の女性のみなさんは、男の私から見ると、とっても魅力的なのに、それを認めようとしません。

「○○さん、すごくおキレイですから、おモテになるでしょう?」ときいても、すぐに「とんでもない！　全然モテませんよぉ～」などと明るく否定されてしまいます。

そんなワケはないのでしょうけれども、女性の90パーセントは、自分が「普通」か「ややモテない」グループに分類されると思っているようです。

今回私がこの本を執筆したのは、そういう女性のみなさんに読んでほしかったからです。

本書で書いた内容は、大なり小なり、女性なら誰でも意識的にやっていることかもしれません。普通のことを、普通にやっていれば、男にはモテるんじゃないかな。そういう心積もりで執筆したつもりです。

「あ、これ私がよくやっているやつだ！」と思うテクニックもたくさんあったと思います。つまり、みなさんがやっている方法は、心理学的に言っても十分に効果的なのです。

自分の恋愛テクニックに自信を持って、どんどん男性とのおつきあいを楽しんでくださいね。

本書の執筆にあたっては、心理学者の伊東明さんに、この場を借りてお礼の言葉を申し上げたいと思います。伊東さんは私の大先輩でして、私の「恋愛論」のベースには、伊東さんから指導を受けたものが少なくありません。恋愛の〝実習トレーニング〟を兼ねて、また新宿で飲みましょうね。

また、いちいち名前はあげませんが、私にいろいろな恋愛技術を教えてくれた女性のみなさん。みなさんのおかげで、本書を執筆することができました。まことにありがとうございます。みなさんから教えてもらった恋愛技術は、心理学のデータを調べてみても、すべて正しいものばかりでした。さすがに、恋愛の達人のみなさんだと感服いたしました。

そして、読者のみなさん。最後まで、お読みくださって、本当にありがとうございます。

私は、読者のみなさんにいちばん楽しんでいただける本をつくっていきたいと思っていますので、今後ともよろしくおつきあいください。

なお、文庫化にあたり、若干文章を加筆したり、逆に削ったりしたところもあります。私は最近の心理データも調べておりますが、内容に関して大きく結果が食い違うようなところはありませんでした。ですので、どうぞ本書のテクニックを安心してお使いください。

みなさんがステキな恋愛を楽しまれることを期待しつつ、筆を置くことにいたします。

内藤誼人

□White, G. L., Fishbein, S., & Rutstein, J. 1981 Passionate love and the misattribution of arousal. Journal of Personality and Social Psychology, 41, 56−92.
□ワーツェル, E.（田村明子訳）2002　ワガママな恋のルール　KKベストセラーズ

めにできること　KK ベストセラーズ
□LaFrance, M. 1979 Nonverbal synchrony and rapport: Analysis by the cross-lag panel technique. Social Psychology Quarterly, 42, 66-70.
□リーバーマン, D.（小田晋訳）1999 「相手の本心」が怖いほど読める！　三笠書房
□Lowndes, L. 2003 Updating! How to get a man or woman who once seemed out of your league. McGraw-Hill.
□中谷彰宏　1991　本当の恋の達人　メディアファクトリー
□ノーマン，E.（富永和子訳）2001 「ひと目ぼれ」の秘密　東京書籍
□間宮武　1991　男と女─性差心理学への招待　小学館
□McMahan, C. R. 1991 Evaluation and reinforcement: What do males and females really want to hear? Sex Roles, 24, 771-783.
□Molloy, J. T. 1996 New Women's Dress for Success. Warner Books.
□Moore, M. M. 1985 Nonverbal courtship patterns in women: Context and consequences. Ethnology and Sociobiology, 6, 237-247.
□Provine, R. R. 2000 Laughter: A scientific investigation Penguin Book.
□リアル, T.（吉田まりえ訳）2000　男はプライドの生きものだから　講談社
□Reed, E. W. & Reed, S. C. 1965 Mental Retardation: A family study. Philadelphia, Saunders.
□Reevy, G. M. & Maslach, C. 2001 Use of social support: Gender and personality differences. Sex Roles, 44, 437-459.
□Renne, K. S. & Allen, P. C. 1976 Gender and the ritual of the door. Sex Roles, 2, 167-174.
□斉藤茂太　1984　結婚してもいい男・ダメな男　KK ロングセラーズ
□桜井秀勲　2003　男は女に何を隠したがるか　青春出版社
□Tantleff-Dunn, S. 2001 Breast and chest size: Ideals and stereotypes through the 1990s. Sex Roles, 45, 231-242.
□Walsh, A. 1991 Self-esteem and sexual behavior: Exploring gender differences. Sex Roles, 25, 441-450.
□Walsh, D. G. & Hewitt, J. 1985 Giving men the come-on: Effect of eye contact and smiling in a bar environment. Perceptual and Motor Skills, 61, 873-874.

参考文献

本書の執筆に際しまして，以下の文献を参照いたしました。

□Buss, D. M. & Barnes, M. 1986 Preferences in human mate－selection. Journal of Personality and Social Psychology, 50, 559－570.

□Cutler, W. B. 1987 Female essense (pheromones) increases sexual behavior in young women. Neuroendocrinology Letters, 9, 199.

□ダリオー, G. A.（石井慶一訳）1990　新・エレガンスの事典　鎌倉書房

□Davis, D. & Vernon, M. L. 2002 Sculpting the body beautiful: Attachment style, neuroticism, and use of cosmetic surgeries. Sex Roles, 47, 129－138.

□Felmlee, D. H. 2001 From appealing and appalling: Disenchantment with a romantic partner. Sociological Perspectives, 44, 263－280.

□Forbes, G. B., Adams－Curtis, L. E., Rade, B., & Jaberg, P. 2001 Body dissatisfaction in women and men: The role of gender－typing and self－esteem. Sex Roles, 44, 461－484.

□Gardner, R. M. & Morrell, J. A. Jr. 1991 Body－size judgments and eye movements associated with looking at body regions in obese and normal weight subjects. Perceptual and Motor Skills, 73, 675－682.

□グレイ, J.（秋元康訳）1999　この人と結婚するために　三笠書房

□グラマー, K.（日高敏隆監修）1996　愛の解剖学　紀伊国屋書店

□Rachel Greenwald 2003 Find a husband after35 Ballantine Books.

□ハットフィールド, E. &ウォルスター, W.（斎藤勇）1999　恋愛心理学　川島書店

□速水由紀子　2002　恋愛できない男たち　大和書房

□Jones, D. C. 2001 Social comparison and body image: Attractiveness comparisons to models and peers among adolescent girls and boys. Sex Roles, 45, 645－664.

□Kenrick, D. T. & Gutierres, S. E. 1980 Contrast effects and judgments of physical attractiveness: When beauty becomes a social problem. Journal of Personality and Social Psychology, 38, 131－140.

□桐原美恵子　2003　桐原美恵子の恋をかなえるコーディネート術　講談社

□クレイドマン, E.（青木雅子・平形澄子訳）2002　彼を幸せにするた

本作品は小社より二〇〇四年七月に刊行された
『すぐに役立つ恋愛心理55のツボ！』を改題し修正しました。

内藤誼人（ないとう・よしひと）
心理学者。有限会社アンギルド代表。慶應義塾大学社会学研究科博士課程修了。ビジネス心理学の第一人者として、実践的な心理学の応用に力を注いでいる。趣味は生き物の飼育全般。どんな女性にもやさしいラディカル・フェミニスト。
著書には『レジ待ちの行列、進むのが早いのはどちらか』（幻冬舎）、『すごい！ホメ方』（廣済堂出版）、『図解「人たらし」のブラック心理術』『職場で、仲間うちで 他人に軽く扱われない技法』『ひそかに人を見抜く技法 気弱なあなたの読心術』（大和書房）、『「人たらし」のブラック謝罪術』『「人たらし」のブラック交渉術』（だいわ文庫）など、多数がある。

だいわ文庫

一瞬《いっしゅん》で好《す》かれる心理術《しんりじゅつ》
モテのツボ55！

著者 内藤誼人《ないとうよしひと》

二〇一〇年二月一五日第一刷発行
発行者 南暁
発行所 大和《だいわ》書房
東京都文京区関口一―三三―四 〒一一二―〇〇一四
電話 〇三―三二〇三―四五一一
振替 〇〇一六〇―九―六四二二七
装幀者 鈴木成一デザイン室
本文デザイン 高瀬はるか
本文印刷 シナノ
カバー印刷 山一印刷
製本 ナショナル製本
ISBN978-4-479-30270-4
乱丁本・落丁本はお取り替えいたします。
http://www.daiwashobo.co.jp